Julia Brandner

Das L in Frau steht für lustig

Julia Brandner studierte Wirtschaftswissenschaften und Publizistik und arbeitete u. a. als Webtexterin und freie Journalistin, seit 2019 macht sie mit Leidenschaft Stand-up-Comedy. Mediale Aufmerksamkeit erlangte Brandner mit ihrer Instagram-Videoserie »Wenn man mit Männern wie mit Frauen reden würde« (@juliabrandner.official). Seitdem ist die Wahlwienerin auf den Comedy-Bühnen von Deutschland und Österreich unterwegs.

Viktoria Cichoń ist freiberufliche Illustratorin in Berlin und hat die Außenwände des legendären KitKatClubs gestaltet (@vikunia_illustration).

Julia Brandner

Das L in Frau steht für lustig

... und andere kluge Lebensweisheiten von Männern,
nach denen ich nie gefragt habe

**Mit Illustrationen
von Viktoria Cichoń**

dtv

Originalausgabe 2023
2. Auflage 2023
© 2023 dtv Verlagsgesellschaft mbH & Co. KG, München
Umschlaggestaltung: FAVORITBUERO, München
unter Verwendung eines Fotos von Barbara Wenz
Satz: Fotosatz Amann, Memmingen
Druck und Bindung: Druckerei C.H. Beck, Nördlingen
Printed in Germany · ISBN 978-3-423-35205-5

Für meine Mama
aka die coolste Frau dieser Welt

Inhalt

KAPITEL 1

Männer sind lustig, Frauen sind basic

»Hey, darf ich dich kurz ansprechen?« Eine junge Frau in meinem Alter kommt auf mich zu, sie hat ein Lächeln auf den Lippen und einen Aperol Spritz in der Hand. Ich erkenne sie wieder, sie saß vor ein paar Minuten noch im Publikum, bei der Show, bei der ich aufgetreten bin.

»Klar«, antworte ich.

»Ich fand deinen Auftritt gerade echt super!«, schwärmt sie. »Ich hab' mich wirklich totgelacht. Großes Kompliment!«

Ich bedanke mich bei ihr und will mich gerade verabschieden. Meine Blase drückt und ich muss dringend wohin. Doch bevor ich noch etwas sagen kann, hält sie mich zurück: »Weißt du ... das ist *wirklich* ein *großes* Kompliment, weil normalerweise finde ich Frauen überhaupt nicht lustig.«

Ich seufze. Dieser Satz ist sicherlich nett gemeint, aber ich kann ihn nicht mehr hören. Ich höre ihn nach jeder zweiten Show mindestens einmal.

»Weißt du, normalerweise haben Frauen keinen Humor«, fährt die Frau fort. Ja, sie ist selbst eine Frau und degradiert gerade ihr eigenes Geschlecht. Wobei ... vielleicht ist die Person nichtbinär und ich fälle gerade ungerechterweise ein falsches Urteil. Bitte, Gott, lass es so sein.

»Wie heißt du auf Instagram?«, unterbreche ich sie und halte ihr mein Handy hin. Sie tippt ihren Namen ein, ich gehe auf ihr Profil. »Sophie (she/her)« steht dort. Gott hat meine Gebete also nicht erhört. Vielleicht hätte ich doch zumindest einmal in meinem Leben Kirchensteuer zahlen sollen.

»Weißt du«, fährt Sophie weiter fort, »Frauen, die Comedy machen, sprechen auf der Bühne ja normalerweise nur über Dating und Männer. Das finde ich echt uninspiriert.«

Ich lasse die Mixshow, bei der ich gerade gespielt habe, im Kopf Revue passieren. Dort waren vier Männer und zwei Frauen. Alle vier Männer haben über Dating gesprochen. Meine andere Kollegin auch. Ich nicht. Der richtige Schluss wäre also, wenn überhaupt, gewesen: »Ich finde Comedy generell nicht lustig, weil da wird fast nur über Dating gesprochen.«

»Die Typen haben auch alle über Dating gesprochen«, höre ich mich sagen und bereue instantly, damit noch tiefer ins Gespräch mit ihr einzusteigen. Meine Blase schreit nach Erleichterung.

»Ja, aber das ist was anderes«, sagt sie. »Bei Männern ist das *lustig*. Bei Frauen ist das immer so ... *basic*. Und es wirkt immer so verzweifelt, kein Wunder, dass es bei ihnen dann nicht läuft.«

Bei meinen männlichen Kollegen läuft es auch eher

schlecht als recht, aber das wundert mich auch nicht, da die sich dauernd darüber lustig machen, wie sie »Tinder durchgebumst« haben. Klingt für mich persönlich nach einer wandelnden Geschlechtskrankheit. Solche Typen freiwillig zu bumsen ist in meinen Augen ein ungewöhnlicher Fetisch.

»Du bist halt anders als die anderen Kabarettistinnen und das ist cool. Mach weiter so.«

Ich lächle gequält, renne endlich aufs Klo und weiß nicht, ob ich zuerst pinkeln oder kotzen will. Erstens hasse ich es, wenn man mich als Kabarettistin bezeichnet – ich bin Comedienne. Der Unterschied ist, dass Letztere lustig sind. Zweitens ist »Du bist so anders als andere Frauen« schon von Männern kein Kompliment, auch wenn ich es lang für eins gehalten habe. Mich stört die Grundannahme dahinter. Denn das würde ja bedeuten, dass im Umkehrschluss die meisten anderen Frauen nicht cool sind. Was ist das bitte für eine frauenfeindliche Haltung, wenn man wirklich dieser Überzeugung ist? Wenn das dann alles nicht mal von einem Mann, sondern von einer Frau kommt, macht es das für mich noch mal schlimmer.

Ich hätte Sophie gern gefragt, ob sie in ihrem Leben schon mal Sexismus erlebt hat. Ob sie vielleicht schon mal angestarrt wurde, während sie rückwärts einge-parkt hat, weil ein Mann darauf spekuliert hat, dass sie dabei einen Unfall bauen wird. Ob sie im Sommer schon mal abgewogen hat, ob sie lieber schwitzen oder zu Tode gecatcalled werden möchte. Ob ihr aufgrund ihres Geschlechts schon mal ihre Kompetenzen abgesprochen wurden. Denn genau das hat sie mit mir gemacht, indem sie mir indirekt gesagt hat: »Hey, ich war voll überrascht, dass du witzig bist, denn normalerweise verhindern Brüste das.«

(Okay, ich finde Penisse meist auch lustiger als Brüste, aber nur, weil man mit ihnen einen Propeller machen kann, während Brüste halt einfach hot sind. Lasse ich mir einreden. Aber in der Regel stehen wir nicht nackt auf der Bühne, deshalb ist dieses Argument dennoch Bullshit.)

Ich glaube nicht, dass Sophie irgendwas von dem, was sie sagte, böse gemeint hat. Ich bin mir sogar ziemlich sicher, dass sie mir einfach ein nettes Kompliment machen wollte. Aber gut gemeint ist nicht gleich gut gemacht. Ich wünsche mir, dass auch Frauen darauf achten, wie sie miteinander reden und ob sie damit frauenfeindliche Stereotype reproduzieren. Sophie hat mich bei meinem Auftritt als weiblich identifiziert und war wohl erst mal skeptisch, als ich die Bühne betreten habe, weil sie mich gleich in die Schublade »Frau = nicht lustig« gesteckt hat, und war dann positiv überrascht. Männern gegenüber hat sie diese Vorurteile anscheinend nicht. Da Sophie sich selbst als Frau identifiziert und auch durch ihr Äußeres so wahrgenommen wird, könnte ihr genau dasselbe passieren wie mir. Vielleicht will sie sich ja auch mal auf eine Bühne stellen und Witze erzählen – wie es ihr dann wohl gefallen würde, wenn das Publikum sich, bevor sie den Mund aufgemacht hat, schon denken würde: »Schon wieder so ein unlustiges Weib, brauch ich mir gar nicht anzuhören, ist eh nicht witzig. Ich geh eine rauchen.«?

Wenn nicht mal wir Frauen uns gegenseitig cool finden, wieso sollten Menschen anderer Geschlechter es dann tun? Anscheinend sind *wir* ja nicht mal von uns überzeugt.

Ich vermute, ein Grund dafür ist mangelnder Selbstwert. Und ich will auch gar nicht zu hart mit Sophie ins Gericht gehen, denn wie so oft ist man selbst nicht immer besser. Auch ich muss gestehen, dass ich auf eine Zeit zurückblicken kann, in der ich gedacht habe, Frauen seien nicht lustig, könnten nicht einparken und so weiter und so fort. Und das, obwohl ich eine superlustige Mama habe, die noch dazu hervorragend einparkt, an fehlenden Vorbildern ist es also nicht gescheitert. Erst in der Retrospektive wurde mir klar, dass ich in Zeiten, in denen ich mit mir selbst unzufrieden war, auch mehr Fehler an anderen Frauen gesucht habe. Um meine gefühlte eigene Unzulänglichkeit damit zu kompensieren.

»Die ist ja auch nicht perfekt, die hat auch Cellulite«, dachte ich mir beispielsweise bei schönen Frauen. Oder »Die ist sicher privat voll die Bitch und heult sich jede Nacht in den Schlaf, weil sie keiner leiden kann«, dachte ich mir bei erfolgreichen Frauen. »Die ist sicher schlecht im Bett«, dachte ich mir, wenn mir nichts anderes eingefallen ist, das ich hätte kritisieren können.

Inzwischen habe ich verstanden: Frauen, die sich ihrer selbst und ihrer Fähigkeiten bewusst sind, haben es nicht nötig, andere Frauen kleinzumachen, denn sie wissen, dass die Schönheit oder das Talent einer anderen Frau ihre eigene Genialität nicht schmälert. Frau sein ist kein ständiger Konkurrenzkampf, und doch wird es leider von vielen meiner Geschlechtsgenossinnen (noch) so gesehen. Und das hat gesamtgesellschaftliche Auswirkungen – die so weit gehen, dass Frauen pauschal anderen Frauen gewisse Kompetenzen absprechen, ohne auch nur ein Wort mit ihnen gewechselt zu haben.

Als ich vom Klo zurückkomme, hält mich ein junger Mann auf, der an der Bar steht. Im Gegensatz zu Sophie fragt er mich nicht, ob er mich anquatschen darf, er tut es einfach.

»Hey, ich wollte dir noch was sagen. Deine Comedy ist zwar gut, aber du kannst gern noch ein bisschen selbstbewusster werden«, sagt er mir. Bumm. Das war leider nicht das Geräusch meiner Faust in seinem Gesicht, sondern der Laut, den ich immer dann in meinem Inneren höre, wenn mir jemand vorwirft, nicht selbstbewusst genug zu sein, oder wenn ich aufgrund von nicht vorhandenem Selbstbewusstsein nicht genug Respekt entgegengebracht bekomme. Lange hat man mir gesagt, ich müsse »nur selbstbewusster auftreten«, dann »würde mir so etwas nicht passieren« (was kompletter Bullshit ist, wenn man das mal ein bisschen genauer zerdenkt, denn wenn mich eine andere Person grundlos herablassend behandelt und damit noch dazu eine vermeintliche Schwäche von mir ausnutzt, ist das ja wohl ihre Charakterschwäche und nicht meine). Meine ganze Kindheit und Jugend über war Selbstbewusstsein ein Thema, da ich immer unter Schüchternheit und Angst vor öffentlichem Reden gelitten habe. Und jedes Mal, wenn mir jemand so einen Satz wie diesen an den Kopf knallt, reißt diese alte Wunde wieder auf. »Sei doch einfach selbstbewusster« – wuhuuu, danke für den großartigen Tipp, Manuel, warum bin ich nicht selbst schon darauf gekommen?

»Das ist schön, dass du mir mehr Selbstbewusstsein erlaubst. Danke, darauf habe ich gewartet«, entgegne ich und hoffe, dass er den Wink versteht.

»Auch dieses feministische Thema, dass Männer fürs Kinderzeugen mehr gefeiert werden als Frauen fürs Kinderkriegen«, spricht er weiter. Okay, er hat es nicht gecheckt. »Das ist zwar ganz nett, aber auf die großen Bühnen schaffst du es damit nicht. Damit wirkst du viel zu arrogant, viel zu verbissen.«

Auch das habe ich schon oft erlebt. Sobald ich als Frau gewisse geschlechtsbezogene Ungerechtigkeiten anspreche, damit den Leuten mal bewusst wird, was für Stereotype in unseren Köpfen verankert sind und wie wir sie ständig reproduzieren, gibt's vor allem von Männern eins auf den Deckel. Man wird als »Emanze«, »Kampflesbe« oder »verbissene Männerhasserin« bezeichnet, die »eh niemand bumsen will«. Newsflash, Daniel, ich würde dich auch nicht bumsen wollen, und selbst wenn sich der Rest der Welt auch gegen mich als potenzielle Sexualpartnerin entscheiden würde, würde ich nicht sterben, da es zum Glück sehr gute Vibratoren gibt.

»Du bist mir hingegen richtig sympathisch.« Meine Stimme trieft nun vor Ironie und ich drehe mich um und gehe.

Wobei ich ihm in einer Hinsicht sogar recht geben

muss. Ich hätte wirklich gerne einmal in meinem Leben das überzogene Selbstbewusstsein von Typen, die mir meinen Beruf erklären wollen, obwohl sie noch nie selbst auf einer Comedy-Bühne gestanden haben, weil sie denken: »Ich hab' mal ein Ricky-Gervais-Special auf Netflix gesehen, ich habe quasi Comedy studiert, das muss reichen.«

Mit »diesem feministischen Thema«, mit dem ich »zu arrogant und verbissen« wirke, habe ich es übrigens unter anderem zum Stuttgarter Comedy Clash geschafft, wo ich vor 500 Leuten aufgetreten und in der ARD Mediathek gelandet bin. So viel zu seiner professionellen Einschätzung, mit den großen Bühnen würde das nix werden.

In diesem Buch wirst du noch viele Ratschläge lesen, die ich von Männern bekommen habe, obwohl ich sie nie darum gebeten habe. Manchmal kommen diese Ratschläge auch von anderen Frauen. Manchmal bekomme ich keine Ratschläge, sondern gleich dumme Sprüche und Verurteilungen aufgrund meines Geschlechts oder werde deshalb schlechter behandelt. Ich werde, um meine größten Fans auf Instagram zu zitieren, nicht »rumheulen«, weil mein Leben ja »ach so scheiße ist«, obwohl es »anderen noch viel schlechter geht«. Das Einzige, was ich machen werde, ist, dich in meinen Alltag mitzunehmen – meinen Alltag als Comedienne, als Influencerin, als Trash-TV-liebende Seele und vor allem: in meinen Alltag als Frau. Ich bin zwar cis, weiß, finanziell wie bildungstechnisch mittlerweile gut aufgestellt, habe keine Behinderung und gelte wohl als normschön und habe daher wahrscheinlich nicht mal ansatzweise die Diskriminierung erlebt, die anderen weiblich gelesenen Personen, die in der obigen Aufzählung ein paar Boxen mehr abhaken können, jeden Tag widerfährt. Das ist mir bewusst, während ich diese Zeilen tippe, und es sollte auch dir bewusst sein, während du sie liest: Alle Situationen, die ich beschreibe, hat eine andere Frau wahrscheinlich zehnmal schlimmer erlebt, weil bei ihr vielleicht noch mal andere Formen von Diskriminierung mit reinspielen als »nur« Sexismus (als wäre eine Diskriminierungsform nicht schon beschissen genug). Ich will meine Probleme nicht kleinreden. Ich bin kein Fan von virtuellen Schwanzvergleichen der Sorte »Wer von uns hat die größten Probleme?«, und den Satz »Check deine Privilegien« kann ich nicht mehr hören, weil er so inflationär und oft auch unreflektiert verwendet wird. Und doch finde ich es wichtig, darauf hinzuweisen. Jeder Mensch kämpft seinen eigenen Kampf – aber manche haben von Geburt an bessere Waffen in die Wiege gelegt bekommen. Ich bin dabei ganz gut weggekommen, und dennoch ist mir nur aufgrund meines Geschlechts und meiner sexuellen Orientierung so viel Fragwürdiges widerfahren, dass ich darüber ein Buch schreiben könnte – was ich also tue. Und weil ich nicht rumheulen will, habe ich mir einen Spaß daraus gemacht. Denn manchmal, wenn alles beschissen läuft, hilft es am besten, mal so richtig laut loszulachen. Das wirst du beim Lesen dieses Buchs wahrscheinlich nicht tun, denn es wurde ja von einer Frau geschrieben und wir wissen alle: Das L in Frau steht für lustig.

KAPITEL 2

Wie Frau es macht, macht sie's falsch.

»Boah, Alter, du nervst ganz schön mit deinem Sportwahn«, sagte meine (mittlerweile ehemals) gute Freundin Lisa, als ich ihr für den Abend absagte, weil ich am nächsten Morgen zum Training verabredet war und zu dieser Zeit strikt auf Alkohol verzichtete. Ich war unzufrieden mit meinem Körper und wollte ihm keine leeren Kalorien zuführen. Auch wenn ich die Kalorien eines Gin Tonics heute nicht mehr als leer, sondern als voll mit Spaß betrachte, vertrat ich damals die faktisch richtige Ansicht, dass Alkohol absolut nichts für den Körper tut. Da soll noch jemand behaupten, man werde im Alter klüger – wer vorher noch nicht davon überzeugt war, dass eine Altersobergrenze bei Wahlen sinnvoll wäre, ist es hoffentlich jetzt. »Es ist so nervig, dass man mit dir nirgendwo hingehen kann, ohne ein schlechtes Gewissen zu kriegen, weil du nur Wasser trinkst und gesund isst. Das macht keinen Spaß«. Okay, Lisa, dir zeige ich's!, dachte ich mir dann. Als wir uns am nächsten Tag in der Uni trafen und zusammen mittagessen gingen, bestellte ich mir eine Pizza mit extra Käse und aß sie komplett auf, obwohl ich nach der Hälfte schon kämpfen musste. Dazu trank ich ausnahmsweise sogar Cola mit Zucker. Schmeckt mir zwar nicht, aber ich wollte was beweisen. Falls du dich gerade fragst, ob ich behaupten würde, dass ich damals eine gefestigte Persönlichkeit und ein gesundes Selbstbewusstsein hatte, lautet die Antwort: Nein. Ich dachte, dass sich Lisas Bild von mir mit dieser Aktion um 180 Grad wenden würde – doch ich sollte mich täuschen. Sie verdrehte nur die Augen und sagte: »Du kannst dir Pizza und Cola reinziehen und trotzdem hast du so eine Figur? Ich hasse dich.«

Was mir von diesem Tag blieb? Eine gekündigte Freundschaft zu Lisa und die Erkenntnis, dass es als Frau komplett egal ist, was du machst – du machst es definitiv nicht richtig: Auf die Ernährung zu achten, ist generell kritisch, denn da fragt man sich ja zu Recht, ob du eine Essstörung hast. Pass aber auch auf, dass niemand sieht, wie du genüsslich noch Trüffelöl über deine riesige Portion Mac'n'Cheese träufelst. Hast du denn gar keine Angst um deine Figur? Ich hoffe, du ernährst dich die nächsten drei Tage nur von Salat. Und wenn du von Natur aus kaum zunimmst, tu bitte zumindest so, als würdest du auf deine Ernährung achten, sonst hasst dich jede andere Frau.

Hast du etwas mehr auf den Rippen, bist du fett, unattraktiv und lebst ungesund – und alle Ärzt*innen schieben ab sofort jedes Krankheitssymptom nur noch aufs Gewicht. Bist du schlank, bist du magersüchtig und solltest mal was essen, denn du weißt ja, »echte Männer stehen auf Kurven, nur Hunde spielen mit Knochen«. Trägst du gerne kurze Röcke und ausgeschnittene Oberteile, bist du billig, trägst du Rollkragen, bist du prüde. Trägst du gerne High Heels, solltest du darauf schon richtig laufen können, ansonsten ist es peinlich – wenn du es kannst, bist du ein Püppchen, das man nicht ernst nehmen kann. Sieht man dich niemals auf hohen Schuhen, hast du keinen Stil. Ich war mal mit ehemaligen Arbeitskolleg*innen zum Essen in einem schicken Restaurant verabredet und kam, wie immer, mit Sneakers. »Julia, noch stillosere Schuhe hast du nicht gefunden?«, war der Kommentar meines ehemaligen Kollegen – der dasselbe Modell in einer anderen Farbe trug.

Ähnlich ist es übrigens mit Make-up. Wer sich schminkt, ist eine Barbie, die will niemand haben, denn natürliche Schönheit ist das einzig Wahre. Wer sich nicht schminkt, macht nichts aus sich und ist ein graues Mäuschen.

Brüste zeigen ist übrigens geil, immer gerne, aber bitte nicht, wenn damit Kinder gestillt werden, das ist ekelhaft und abstoßend! Biologisch gesehen sind Brüste schließlich nur zum Ansehen da, irgendeine achselbehaarte Feministin hat sich nur mal ausgedacht, dass Kinder damit ernährt werden sollten. Wenn du sonst deine Brüste zeigst, bist du natürlich ein billiges Flittchen und hast es verdient, belästigt zu werden. Deck wenigstens deine Nippel ab, sonst wirst du auf Instagram zu Recht gesperrt.

Apropos Achselhaare: Wer die nicht rasiert, ist unhygienisch und ekelhaft, wer es doch tut, untergräbt die feministische Bewegung. So wie ich, wenn man einer meiner Instagram-Followerinnen Glauben schenken möchte. Ich habe einmal Werbung für eine Deo-Creme gemacht und gezeigt, wie ich sie auftrage, da kam eine Nachricht von einer Frau namens Saskia (solche Nachrichten kommen überdurchschnittlich oft von Saskias), die meinte: »Ich finde das nicht gut, dass du immer mit so perfekt rasierten Achseln herumrennst und dich so dem Patriarchat unterwirfst. Das setzt andere Frauen unter Druck, sich auch jeden Tag rasieren zu müssen.«

Dass ich mich bei Weitem nicht jeden Tag rasiere, sondern mir alle drei Wochen mal ein paar vereinzelte Achselhärchen entferne, weil ich sie mir vor ein paar Jahren habe lasern lassen, weiß Saskia natürlich nicht. Und dass ich das nicht getan habe, um mich »dem Patriarchat zu unterwerfen«, sondern weil *ich* das selbstbestimmt entschieden habe, weil *ich* fucking geruchsempfindlich bin und *ich persönlich* mit Achselhaaren immer mehr geschweißelt habe als ohne, wollte sie leider auch nicht hören. Sie wollte mich lieber als die Böse hinstellen, die den Feminismus untergräbt, anstatt sich an der eigenen Nase zu nehmen und zu realisieren, dass es den Feminismus um viel mehr Jahre zurückwirft, wenn eine Frau einer anderen diktieren will, wie ihr Körper auszusehen hat, als wenn eine andere sich selbstbestimmt entscheidet, sich die Achselhaare dauerhaft entfernen zu lassen.

Und hey, was machst du eigentlich in deiner Freizeit? Triffst du dich gern mit Freundinnen zum Kaffee und gehst shoppen? Du dummes, einfältiges Modepüppchen! Du liest gerne und bildest dich weiter? Bemitleidenswert, du hast sicher keine Freundinnen und einen Freund schon gar nicht.

Genieß auch ruhig dein Leben und geh mit deinen Freundinnen tanzen! Steh dann aber bitte nicht nur in der Ecke rum und weis alle Männer ab, du musst schließlich Spaß haben. Also zieh dir den Stock aus dem Hintern, niemand will eine prüde Langweilerin, um die man erst mal monatelang werben muss. Wir leben ja nicht im Mittelalter, niemand hat Zeit, sich unter dein Fenster zu stellen und dir Lieder zu trällern. Außerdem müsste man sich dafür erst mal eine Genehmigung holen, sonst ruft Herr Schulz von nebenan nämlich die Polizei. Also geh bitte ein bisschen aus dir raus.

Aber tanz und trink bloß nicht zu viel, das wirkt billig und du willst doch nicht den Ruf haben, eine Skandalnudel zu sein, oder? Wer bist du, Paris Hilton in den 2000ern? Ich bitte dich! Also knutsch bitte nicht gleich mit jedem Typen im Club und nimm schon gar keinen mit nach Hause, sonst musst du dich nicht wundern, wenn du bald als Stadtmatratze bekannt bist. So wie meine Studienfreundin Anna, die nach einer durchzechten Nacht mit ihrem Erstsemester-Tutor abgehauen ist und über die sich alle am nächsten Tag das Maul zerrissen haben, dass sie »leicht zu haben« sei. Die hat dann die Uni gewechselt, weil sie die Blicke und Tuscheleien nicht mehr ertragen konnte. Hätte sie aber auch echt vorher wissen können, dass es auf sie zurückfallen würde, dass ihr Tutor ein herumvögelnder Fuckboy ist – der übrigens für denselben Akt gefeiert wurde.

Sport machen ist toll, aber bitte nicht zu viel, sonst bist du entweder zu dünn oder zu muskulös und in beiden Fällen findest du niemals einen Mann. Oder eine Frau, wenn du darauf mehr stehst – Frauen werden immerhin nicht lesbisch, um danach eine Frau zu daten, die wie ein Mann aussieht.

Und wenn wir die Datingphase hinter uns gebracht haben (oder zumindest im gebärfähigen Alter sind, weil ab da sind wir nur noch Brutkästen auf zwei Beinen), kommen wir zum Thema Kinder: Wenn du keine Kinder kriegst, bist du nichts wert. Nur Frauen, die Kinder gebären, kommen ihrer Arterhaltungspflicht nach und sind richtige Frauen. Aber nur, wenn du auf »natürliche« Weise, also vaginal entbindest, sonst kannst du dein Kind ja gar nicht lieben. Gleiches gilt, wenn du bei der Geburt Schmerzmittel oder gar eine PDA nimmst.

Hast du ein Kind, hast du quasi kein Kind, denn gerade beim ersten Kind dreht und wendet sich dein Leben ja nicht um 180 Grad. Zwei Kinder sind okay, aber nur in einem pädagogisch wertvollen Abstand von zwei Jahren. Und wenn mindestens eins davon ein Junge ist, dem armen Vater kann man ja keine drei Weiber im Haus zumuten, mit wem soll er sonst Männerkram machen, obwohl er nie zu Hause ist? Bitte auch keine Zwillinge, die machen das Bindegewebe kaputt und sind einfach nur anstrengend. Ab drei Kindern wird's langsam ein Fall für eine RTL-Zwei-Doku.

Und wenn dann mal Kinder da sind, hört der Spaß nicht auf. Wenn du so schnell wie möglich wieder arbeiten gehst, bist du eine Rabenmutter. Wieso setzt du überhaupt Kinder in die Welt, wenn du keinen Bock hast, dich um sie zu kümmern? Pass auf, Renate aus der Nachbarwohnung hetzt dir sicher bei der nächsten Gelegenheit das Jugendamt auf den Hals. Oh, du sagtest, dein Mann passt auf das Kind auf? Das ist ja toll von ihm, aber wie kannst du ihm das denn zumuten? Nur damit du mal deinen Spaß haben kannst? Pfui! Der Arme muss schließlich arbeiten und nach der Arbeit Bier trinken und Fußball schauen, wie es die Evolution für Männer vorgesehen hat! Das haben unsere Väter schließlich auch schon so gemacht, die wussten mit viel Glück gerade mal, wie ihre eigenen Kinder heißen. Die guten alten Zeiten! Hat uns schließlich auch nicht geschadet, dass unsere Väter sich nie um uns gekümmert haben. Sonst hätten sich ja die drei Jahre Therapie auch gar nicht gelohnt!

Ach, du hast Kinder und gehst nicht arbeiten? Was bist du denn für ein schlechtes Vorbild? Möchtest du deinen Kindern denn nicht etwas bieten können oder ihnen vorleben, dass Frauen sich nicht zwischen Kind und Karriere entscheiden müssen?

Du willst dich von deinem Mann trennen, der dich schlecht behandelt? Die armen Kinder, die nun ohne Vaterfigur aufwachsen müssen!

Du bleibst mit deinem Mann zusammen, obwohl er dich schlecht behandelt? Die armen Kinder, die das mit ansehen müssen und im Ernstfall vielleicht sogar selber abkriegen! Die werden traumatisiert fürs Leben! Trenn dich und fang ein neues Leben an, sei eine starke, unabhängige Frau!

Apropos starke Frau, frag ruhig nach einer Gehaltserhöhung, aber pass auf: Wenn du selbstbewusst verhandelst und zu deinem Wert stehst, wirkst du schnell wie ein verbissenes Karriereweib und keiner wird mehr mit dir zusammenarbeiten wollen, weil du eine unsympathische Kuh bist. Hast du denn nichts aus der Heidi-Howard-Studie gelernt?

Lächle aber bitte auch nicht zu viel, wenn du mehr Gehalt forderst, sonst nimmt man dich nicht ernst. Frauen sind bekanntlich selbst dran schuld, wenn sie weniger verdienen als Thorsten aus der Buchhaltung, der drei Jahre weniger Berufserfahrung hat, weil sie halt einfach nicht verhandeln können. Pech. Meine ehemalige Arbeitskollegin Sabrina hat mal ein Seminar zum richtigen Verhandeln besucht, hat nächtelang geübt und wurde dann dennoch abgewiesen. Wenn das kein Beweis dafür ist, dass das Verhandlungsgen auf dem Y-Chromosom liegt!

Wir halten fest: Als Frau *kann* man nix richtig machen, egal, wie sehr man sich bemüht. Du kannst dich in der Luft zerreißen und versuchen, dreißig verschiedene Persönlichkeiten auf einmal anzunehmen, damit immer eine passende für deine aktuelle Umgebung dabei ist. Irgendjemand wird dein perfekt zur Unkenntlichkeit verändertes Ich dennoch kacke finden, weil »die ist zu perfekt, das ist unsympathisch, ich mag lieber Menschen, die klare Kante zeigen«. Und wenn du dann mal klare Kante zeigst, bist du eine Zicke.

Wenn du mich fragst: Hör nicht darauf, was dein Schwager, deine Chefin oder Tante Inge (die du nicht mal magst) von dir denken. Es ist egal, was du tust und wie sehr du darauf achtest, es jedem Menschen recht zu machen, irgendwer findet es immer scheiße. Mach also am besten einfach das, was du für richtig hältst – solange du damit niemandem schadest, versteht sich. Und nur fürs Protokoll: Das ist kein Aufruf, deiner verhassten Tante Inge Frostschutzmittel in den Tee zu kippen, auch wenn sie es noch so sehr verdient hätte.

KAPITEL 3

Nicht mal ein bisschen Wimperntusche?

Ich habe meine ausgeleierte Jogginghose an, die ich mir über meine Yogaleggings gezogen habe, weil mir sonst draußen zu kalt gewesen wäre. Meine von Trockenshampoo erstickten Haare stecken in etwas, das sich »Messy Bun« nennt und bei anderen unaufgeregt lässig aussieht.

Bei mir könnte man dieses Gebilde auf dem Kopf mit vielen Adjektiven beschreiben, aber »unaufgeregt« und »lässig« zählen nicht dazu. Ich weiß nicht, wieso, aber meine Haare scheinen für diese Frisur, die sonst scheinbar jedem steht, nicht geeignet zu sein.

Mittlerweile habe ich mich damit abgefunden, dass viele idiotensichere Dinge bei mir nicht funktionieren. Ich zähle auch zu den wenigen Menschen, die keine Süßkartoffeln vertragen, obwohl die laut den Allergikerinnen meines Vertrauens das allergikerfreundlichste Lebensmittel ever sind.

Jedenfalls bin ich, gelinde gesagt, schlecht angezogen. Meine Schuhe – die einzigen gefütterten Winterschuhe, die ich habe, weil ich mir nie eingestehen möchte, dass es in Österreich Schnee gibt – lösen sich schon seit Jahren an den Seiten auf und wirken schmutzig, weil sie so einen komischen Grauton haben. Ich schwöre, sie hatten denselben Farbton, als sie mir mein Vater vor über zehn Jahren zu Weihnachten geschenkt hat, aber das glaubt mir niemand.

Ich bin ungeschminkt und verschwitzt, weil ich direkt nach dem Yoga zu diesem Treffen mit meinen Freundinnen gelaufen bin (folgt mir für mehr Fitness-Inspiration! #sportistmeinleben). Eigentlich wollte ich das Treffen absagen. Diesmal nicht, weil ich Alkohol nach wie vor verteufle, sondern weil ich schon ahnte, dass ich mich am Ende dieses Abends nicht gut fühlen würde.

Ich möchte anmerken, dass die Yogastunde, die ich davor gemacht habe, die schlimmste meines Lebens war, entsprechend bin ich auch überhaupt nicht entspannt und schon gar nicht in meiner Mitte, als ich bei der Wohnung meiner Freundin Lena ankomme, bei der wir heute trinken wollen. Als sie ihre Wohnungstür öffnet, schallt mir laute Musik entgegen. Helene Fischer. Oida! Ich werde nie darüber hinwegkommen, dass meine Freundinnen ernsthaft Schlager hören und es feiern.

Lena sieht aus wie das komplette Gegenteil von mir: nämlich super. Sie trägt haufenweise Make-up, ein kleines Schwarzes, eine tolle Strumpfhose und aus irgendeinem Grund Pumps, obwohl sie in ihrer eigenen Wohnung ist. Noch so eine Sache, die ich nie verstehen werde. Ist Lena Masochistin und hat mir nie etwas davon erzählt?

»Hab ich was verpasst?«, frage ich, als sie die Tür hinter mir schließt, und mustere ihren Aufzug.

»Ja, sorry, wir haben uns schon mal fertig gemacht«, sagt sie, als sie an mir vorbei in die Küche geht. »Gin Tonic?«

Ich nicke, aber bin immer noch verwirrt. »Fertig gemacht?«

»Wir wollen ja danach noch in den Volksgarten gehen!«, erinnert sie mich an dieses kleine Detail, das der eigentliche Grund war, weshalb ich absagen wollte. Fuck. Da war ja was.

Der Volksgarten ist eine Disco in Wien, die all das ist, was ich verachte: versnobt, überfüllt, teuer und den Preis nicht wert. Alle heiligen Zeiten denke ich, es wäre doch wieder mal lustig hinzugehen. Jedes Mal bin ich danach mindestens 50 Euro ärmer und schlecht gelaunt. Wenn ich dann höre, dass andere Leute dort schon 1000 Euro an einem Tag gelassen haben, bessert das meine Laune aber gleich wieder, weil ich mir denke, dass ich mein Leben dann ja doch ein Stück weit im Griff zu haben scheine.

»Keine Sorge, wir warten auf dich, du kannst dich auch noch in Ruhe fertig machen.« Lena drückt mir den Gin Tonic in die Hand und schiebt mich ins Schlafzimmer, wo meine anderen beiden Freundinnen, Sabrina und Sophie, warten. Sophie malträtiert Sabrinas glatte Haare mit einem Glätteisen, um sie noch mehr zu glätten. Als ich ins Zimmer komme, ist mein Gin Tonic schon halb leer. Wie sage ich ihnen, dass ich diese Verabredung als »gemütlichen Saufabend in der Bude in Jogginghose« abgespeichert hatte?

»Ich habe diese Verabredung als gemütlichen Saufabend in der Bude in Jogginghose interpretiert.« Ich sage es einfach, mit einem entschuldigenden Lächeln auf den Lippen, als mich Sabrina und Sophie verwirrt mustern, als versuchten sie herauszufinden, ob mein Outfit scherzhaft gemeint ist. »Ich habe auch keine Wechselkleidung mit.«

»Kein Problem, ich leihe dir was!«, ruft Lena sofort und geht beherzt zu ihrem Schrank.

Ist ja ganz süß von ihr, nur ist Lena leider einen ganzen Kopf kleiner und halb so schmal wie ich. Egal, was sie mir zuwirft, ich habe absolut keine Chance reinzupassen. Immerhin trage ich schwarze Leggings unter der Jogginghose, also wirft mir Lena das größte Top zu, das sie besitzt.

»Okay, also gehen wir?«, frage ich, nachdem ich es übergeworfen habe (oder sagen wir eher, dass ich mich reingezwängt habe, denn was für Lena »oversized« ist, sitzt bei mir eher slim fit). Woraufhin meine Freundinnen mich wieder ansehen, als hätte ich einen sehr lustigen Witz erzählt, den sie nicht verstanden haben.

»So willst du raus? Willst du nicht mal ein bisschen Wimperntusche benutzen?«, fragt Sophie. Hach, Sophie. Wie hoch schätzt du die Chancen ein, dass *ich* Make-up dabeihabe? Welchen Teil von »Ich habe diese Verabredung als gemütlichen Saufabend in der Bude in Jogginghose interpretiert« hast du nicht verstanden?

Sie nötigen mich, mich aufs Bett zu setzen, und drücken mir eine Haarbürste und das Glätteisen in die Hand, während sie sich selbst weiter fertig machen. In der Zeit, die ich für mein gesamtes Styling brauche, hat Sabrina gerade mal ihr zweites Auge fertig geschminkt. Bis meine Freundinnen komplett mit ihrem Styling fertig sind, habe ich fünf Gin Tonics getrunken und bin besoffen, aber leider nicht angeheitert.

Als wir am Volksgarten ankommen, sehe ich im Vergleich zu meinen Freundinnen aus, als käme ich direkt aus einer RTL-Zwei-Sendung. In diesem Moment hat sich bei mir der Wunsch manifestiert, mal eine Rolex zu besitzen. Wenn man die jetzt mit meinem Outfit kombinieren würde, hätte man zumindest noch den Vibe einer Rapperin. Jedenfalls könnte ich mir das einreden und es für immer als Ausrede benutzen, ab jetzt überall underdressed hinzugehen. (Seitdem ich eine Rolex habe, mache ich das auch tatsächlich und fühle es ein bisschen zu sehr.)

Der Türsteher lässt meine Freundinnen klaglos rein, mich mustert er kritisch, als würde er überlegen. Das ist der Moment, an dem ich mir eingestehen muss, dass mich dieser Typ definitiv nicht für eine Rapperin hält. Zumindest nicht für eine erfolgreiche.

»Sicher, dass dieser Club der richtige Ort für dich ist?« Er klingt fast mitleidig dabei. Ich bin kurz davor, die Wahrheit zu sagen, nämlich: »Nein, ich bin mir absolut nicht sicher. Ich gehe lieber nach Hause. Euer Wodka Lemon ist eh viel zu teuer und schmeckt nach Pisse.« Aber meine Freundinnen warten und vielleicht könnte dieser Abend doch noch ganz lustig werden, also setze ich mein falschestes Lächeln auf und dränge mich an ihm vorbei auf die Tanzfläche, nachdem er mir 15 Euro abgenommen hat, einfach nur, damit ich in diesem Club anwesend sein darf.

Mein eh schon angeknackstes Selbstbewusstsein, weil ich an diesem Abend ganz offensichtlich die D. U. F. F. (steht für Designated Ugly Fat Friend und stammt aus einem gleichnamigen Film, der ganz eindeutig für ein modernes Frauenbild steht) war, bekam ich den Todesstoß versetzt, als wenig später gefühlt alle Typen dieses Clubs um Sabrina rumschwirrten wie Motten ums Licht. Verständlich. Wenn Sabrina auch nur ein bisschen bi wäre, würde ich sie auch anbaggern. Jedes Mal, wenn einer dieser Typen merkte, dass er bei Sabrina keine Chance hatte, lud er meine anderen Freundinnen auf einen Drink ein. Wie oft ich an diesem Abend auf einen Drink eingeladen wurde? Ich brauche keine Hand, um es daran abzuzählen.

Nicht, dass ich grundsätzlich einen Fick auf diese Snobs geben oder mich gern auf Drinks einladen lassen würde, um mich dann in einem viel zu lauten Club über schlechte Musik hinweg über Themen unterhalten zu müssen, die mich nicht interessieren, mit Typen, die mich noch weniger interessieren, die sich selbst aber dafür umso toller finden.

Was mich fertigmachte, war, dass es so offensichtlich war, warum ich für sie *nicht gut genug* war. Weil ich komplett underdressed und unterschminkt war. Und das hasse ich. Weil ich es im Alltag so gut kenne.

Ich werde oft als »nicht schick genug« und »unprofessionell« wahrgenommen, weil ich tendenziell eher under- als overdressed bin und mich kaum schminke. Ich weiß noch, wie ich im Büro früher immer gefragt wurde, ob ich noch was vorhätte, wenn ich mal geschminkt war oder einen etwas schickeren Rollkragenpulli getragen habe. Sofort wurde gemunkelt, ich würde mich nach der Arbeit mit diesem feschen Immobilienhai treffen, der einen Crush auf mich hatte – so schnell entstehen Gerüchte.

Ich habe mich noch nie gern aufwendig gestylt, abgesehen vielleicht von meinem 13. Lebensjahr, wo ich es dafür komplett übertrieben habe, weil ich unbedingt Lady Gaga und Bill Kaulitz in einer Person sein wollte. Sätze wie »Wie, du schminkst dich *gar* nicht?« kenne ich nur zu gut. Es würde mich nicht überraschen, wenn auf meinem Grabstein irgendwann steht: »Sie hätte so viel aus sich machen können, wenn sie nur mal ein bisschen Wimperntusche benutzt hätte.«

Irgendwann habe ich beschlossen, nur noch mit Männern oder zumindest in gemischten Gruppen feiern zu gehen, weil dort »Vorglühen« bedeutet, dass man gemeinsam trinkt und es dann eh nicht mehr in den Club schafft, weil man schon zu besoffen dafür ist. Hat mir viel mehr Freude gemacht und ziemlich viel Geld gespart. Und Nerven. Meine und die meiner Freundinnen, weil ich auch gern mal in Clubs nicht reingelassen wurde, weil ich Sneakers getragen habe. Manchmal dachte ich schon, mit mir stimmt etwas nicht. Dass ich zum Geburtstag gerne mal Make-up oder Wimperntusche bekommen habe, war da auch nicht gerade hilfreich.

Auch heute denke ich ab und zu, ich sollte mich mehr schminken. Und vor allem öfter High Heels tragen, denn sie gefallen mir bei anderen Menschen auch so unglaublich gut. Wenn ich das dann aber mal in die Tat umsetze, weiß ich nach spätestens zehn Minuten, warum ich es sonst nicht tue, und bewundere alle Menschen, die darauf gut und vor allem lange laufen können. Manchmal kommt es auch gar nicht erst so weit, weil ich davor schon gecatcalled werde und daraufhin wieder umdrehe, um mich sicherer zu fühlen.

Das erinnert mich gleich wieder an die Situation im Club: Einerseits war ich traurig, weil meine Freundinnen ständig angebaggert wurden und ich doof in der Ecke rumstand. Und gleichzeitig extrem glücklich, dass ich nicht ständig irgendwelche Hände von meinem eigenen Körper, sondern nur von denen meiner Freundinnen wegschlagen musste.

Schminken oder nicht schminken ist also die philosophische Frage, die mich jeden Morgen beschäftigt. Beides hat Vor- und Nachteile und beides ist cool. Ich entscheide mich allerdings meistens dafür, mich nicht zu schminken. Nicht, um ein Statement gegen den Schönheitswahn zu setzen. Das würde man mir auch nicht abkaufen. Immerhin habe ich mir selbst aus ästhetischen Gründen die Augen lasern und Fett absaugen lassen (ob das nun antifeministisch ist, weil die Entscheidung doch patriarchal geprägt sein könnte, oder ob die

Entscheidung dagegen antifeministischer gewesen wäre, weil die Scham für solche Eingriffe uns ebenfalls patriarchal eingeredet wurde, ist natürlich noch mal eine eigene philosophische Diskussion wert).

Es ist auch nicht so, dass ich mich ungeschminkt um so vieles schöner finde. Der Hauptgrund, weshalb ich mich so selten schminke, ist: Ich will morgens einfach nur länger schlafen.

KAPITEL 4

Hilft er dir eigentlich manchmal im Haushalt?

»Sag mal, fragen dich deine Freunde manchmal, ob ich dir im Haushalt helfe?«, fragte ich meinen damaligen Boy, den ich in diesem Buch der Einfachheit halber trotz mittlerweile beendeter Beziehung immer als »den Boy« bezeichnen werde, bevor ich dieses Kapitel zu schreiben begann. Ich nenne es wissenschaftlich fundierte Recherche für dieses Buch.

Er schnaubte. »Was ist das denn für eine seltsame Frage?«

»Fragen sie es oder nicht?«

»Nein, wieso sollten sie?«

»Weil ich andauernd gefragt werde, ob du mir eigentlich im Haushalt hilfst. Wäre doch nur fair, wenn du die gleichen nervigen Fragen beantworten müsstest, oder?«

»Schon«, gab er zu und fing an zu grinsen. »Die Sache ist nur, dass meine Freunde schon wissen, dass ich in dieser Beziehung der Hausmann bin. Deine Familie und Freunde wissen offenbar nicht, dass du mich als unbezahlten Angestellten hältst.«

Ich schlug ihm gespielt empört auf den Arm. Okay, ganz unrecht hatte er mit dieser Aussage wahrscheinlich nicht. Aber ich glaube trotzdem nicht, dass das der wahre Grund dafür ist, dass nur ich diese Frage gestellt bekomme. Es gibt einfach sehr viele Fragen, die nur Frauen gestellt werden, weil davon ausgegangen wird, dass Frauen gewisse Dinge einfach machen, während Männer offensichtlich erst vorsichtig an sie rangeführt werden müssen. Hausarbeit ist da natürlich das Topthema, aber mir fallen spontan auch gleich noch ein paar weitere Beispiele ein.

Hilft er dir im Haushalt?

Ich bin nicht die einzige Frau, die diese Frage schon gestellt bekommen hat. Ich bin wahrscheinlich nur eine der wenigen, bei der sie so unberechtigt war, denn mein damaliger Boy und ich stritten uns zumindest nicht darüber.

Ich bin immer wieder erstaunt, bei wie vielen heterosexuellen Paaren die Frau den kompletten Haushalt schmeißt, weil diese Aufteilung sich zufällig »so ergeben hat«. Es ist natürlich auch reiner Zufall, dass diese »Aufteilung« die Frau leider benachteiligt. Ich habe mal von einer Studie gehört, die herausgefunden hat, dass sich für eine Frau sieben zusätzliche Stunden Haushalt pro Woche ergeben, sobald sie mit einem Mann zusammenwohnt.

Als ich meiner Mama davon erzählt habe, war ihre Reaktion: »Was bringt einem eigentlich so ein Mann?«

Berechtigte Frage. Meine Mama beschwert sich oft, dass mein Bonuspapa ihr kaum im Haushalt hilft, obwohl sie einen gemeinsamen Haushalt haben. (Liebe Grüße an Wolfi, ja, das war eine indirekte Aufforderung.) Auch bei einem meiner Guilty-Pleasure-Trashformate – Frauentausch, don't judge me – höre ich die Frage »Und dein Mann hilft dir wirklich *gar* nicht im Haushalt?« öfter, als den feministischen Persönlichkeitsanteilen in mir lieb ist.

Was mich an dieser Frage so sehr stört? Die Formulierung! Dein Mann sollte dir nicht im Haushalt *helfen*, wenn ihr dort gemeinsam wohnt. In einer gleichberechtigten Partnerschaft sollte jeder seinen Teil beitragen, damit beide sich im gemeinsamen Zuhause gleichermaßen wohlfühlen.

Ob das nun bedeutet, dass jeder seinen eigenen Dreck wegmacht oder ob man sich die Aufgaben so aufteilt, dass jeder das macht, was ihn am wenigsten stört, ist natürlich Laterne. Der Boy und ich machten Letzteres: Er kochte gerne und deutlich besser als ich, also durfte er meistens kochen. Ich hingegen vertraue seit diversen Waschunfällen in meiner Kindheit und Jugend niemand anderem außer mir selbst meine Wäsche an, also ist Wäschewaschen mein Ding. Super Sache, denn so hatten wir meistens geiles Essen auf dem Tisch und frische, gut riechende Wäsche im Schrank und waren damit beide happy.

Und weil ich oft höre oder lese, dass »Putzen Frauensache ist«: Das Gen für den perfekt geführten Haushalt liegt nicht auf dem zweiten X-Chromosom. Das ist auch gut so, sonst wären alleinstehende Männer oder Schwulenpärchen ziemlich im Arsch (ich spare mir an dieser Stelle einen blöden Wortwitz). Wie eine gute Partnerschaft, so ist auch ein schöner Haushalt ganz schön viel Arbeit. Und wie bei der Partnerschaft ist auch hier das Ergebnis am besten, wenn alle Beteiligten etwas dazu beitragen.

Wer passt eigentlich aufs Kind auf?

Meine Freundin Sarina ist Mutter einer vierjährigen Tochter. Sie und ihr Mann Paul teilen sich die Kinderbetreuung annähernd gleich auf. Sie haben einen gemeinsamen Google-Kalender, in den jeder seine Aktivitäten einträgt. Wenn Sarina abends etwas vorhat, passt Paul auf die Kleine auf, und umgekehrt. Wenn sie zusammen etwas machen wollen, suchen sie sich jemand anderen, der aufpasst. Klingt für mich nach einer guten Sache, die ich mir sicher von ihnen abschauen werde, sobald ich mal einen Hund habe. (Nein, ich habe mich nicht vertippt, ich meine einen Hund, den ich behandeln werde wie mein Kind.)

Einmal waren wir abends als Mädelsgruppe unterwegs und Sarina war dabei. Die erste Frage, die ihr von einer entfernteren Bekannten gestellt wurde, war:

»Sarina, wenn du hier bist, wer passt denn dann auf deine Tochter auf?«

Genervt antwortete sie: »Linda, du weißt schon, dass sie einen Vater hat, oder? Würdest du ihm diese Frage auch stellen, wenn er hier wäre statt mir?«

Linda schwieg daraufhin betreten. Aber keine Antwort ist auch eine Antwort. Die beiden haben sich im Lauf des Abends nach einem Glas Wein übrigens wieder gut vertragen und Linda hat ihr diese Frage seitdem nie wieder gestellt.

Aber es ist doch so: Während es bei Vätern, die allein unterwegs sind, meist ganz klar ist, dass da ein weibliches Wesen zu Hause sitzt, das sich ums Kind kümmert, scheint man bei Frauen in dem Fall immer noch an die unbefleckte Empfängnis zu glauben. Wenn sie allein unterwegs sind, wird gerne erst mal an die Großmutter oder ein Kindermädchen gedacht. Oder man beschimpft sie gleich als Rabenmutter, weil man denkt, dass das Kind alleine zu Hause ist, ehe man auf die Idee kommt, dass es dazu ja noch einen Vater gibt.

Sarina wird übrigens ähnlich wütend wie ich bei der Haushaltsfrage, wenn sie gefragt wird, ob Paul ihr denn mit dem Kind hilft. Ihre klare Antwort darauf: »Ähm, ja? Er hat's schließlich gezeugt!«

Sind seine Hemden schwer zu bügeln?

»Such dir unbedingt einen Mann, der keine Hemden

trägt«, seufzte meine Mama, während sie Wolfis zehntes Hemd bügelte.

»Wieso, sind die besser im Bett?«, stellte ich damals naiv die Gegenfrage. Auch wenn ich heute weiß, worauf meine Mama hinauswollte, ich würde immer wieder gleich antworten. Wenn ich einen Mann habe, der Hemden tragen möchte, darf er das gerne tun und sie selber bügeln oder in die Reinigung bringen. Damit wird er auch selbst mehr Freude haben, ich kann nämlich nicht bügeln.

Weißt du schon, was du anziehst?

Ähm, Magdalena, ich dachte, ich *sei* schon angezogen. Okay, offensichtlich bin ich nicht schick genug für den gemütlichen Abend bei Freunden, obwohl ich extra meine schönen Sportleggings statt meiner Jogginghose rausgekramt habe. Ich spüre bei so einer Frage immer Neid auf meinen Kumpel Clemens in mir aufsteigen, den ich fast nur in Jogginghose kenne und der dafür höchstens die Kritik erntet, dass es unfair sei, wie stylish er damit aussehe.

Um auf die eingangs gestellte Frage zurückzukommen: Was ich anziehe, überlege ich mir maximal zehn Minuten vor dem jeweiligen Ereignis. Das bereue ich manchmal auch, zum Beispiel bei meiner Aufzeichnung für das Comedy Central Roast Battle in Berlin. Ich war mal wieder viel zu spät dran mit Packen, habe einfach wahllos, zehn Minuten bevor ich zum Flughafen aufbrechen musste, irgendwas in meinen Koffer gestopft und dann vor Ort festgestellt, dass ich kein einziges zusammenpassendes Outfit dabeihatte. Ich hätte vor Ort die Wahl gehabt, eine blaue Jeans mit meinem coolen schwarz gemusterten Lieblingsshirt zu tragen, das ich unbedingt zum Roast anziehen wollte, aber die sich gebissen hätten, oder langweilig mit Bluejeans und weißem Shirt herumzulaufen oder mit Jogginghose dort aufzukreuzen, die zwar cool, aber schon sehr ausgebeult und deshalb unvorteilhaft as fuck gewesen wäre.

Ich rief meine liebe Freundin Saschka Schwarz an, die ich an diesem Abend noch roasten sollte: »Notfall, kannst du mir eine Hose leihen?« Sie fing laut an zu lachen.

»Klassische Frage in Berlin, hier verliert man schnell seine Hosen. Klar, ich hab' eh mehrere mit.«

Saschka rettete meine Optik an diesem Tag mit schwarzen Leggings, die sie nicht brauchte, und als Wiedergutmachung habe ich sie den Roast gewinnen lassen (das ist meine Version der Geschichte, lass mich bitte in dem Glauben!).

Meistens bereue ich es eher deshalb, weil ich mir im Vergleich zu meinen stylishen Freundinnen viel zu underdressed vorkomme. Vor allem, wenn wir uns nur bei einer von ihnen zum Pokern verabredet haben und sie so aussehen, dass ich mir die Frage stelle, ob sie vielleicht ins Casino gehen wollten. (Ja, es waren Lena, Sophie und Sabrina aus dem letzten Kapitel, Grüße gehen raus.)

Bei Männern ist die Sachlage viel einfacher: Jeans und Shirt, und wenn's schicker sein soll mal ein Hemd, passt. Das will ich jetzt nicht anprangern, der Boy regte sich zum Beispiel umgekehrt oft auf, dass Frauen eine viel größere Kleiderauswahl haben, also ist die Situation wohl für beide nicht optimal.

Ich hätte da eine gute Universallösung: Lassen wir doch alle Menschen anziehen, was sie wollen, und kümmern uns um unsere eigenen Probleme. Davon haben die meisten von uns eh genug.

Und was sagt dein Freund dazu?

»Ich ziehe in drei Monaten nach Wien, ich habe schon ein WG-Zimmer!«, verkündete ich im Sommer 2017 meinem damaligen Freundeskreis in Innsbruck. Ich war total euphorisch und hatte erwartet, dass sie mir um den Hals fallen und mein Glück mit mir feiern würden, aber ich erntete nur Schweigen, das irgendwann mein Kumpel Marc durchbrach, indem er fragte: »Und für Ben ist das okay?«

Ben war mein damaliger fester Freund. Er wusste, dass ich es in Innsbruck nicht mehr aushielt und lieber woanders hingehen würde. Wir hatten uns allerdings darauf geeinigt, dass es München werden würde und nicht Wien. Beziehungsweise hatte er sich darauf geeinigt, weil München nicht so weit weg von Innsbruck ist und er ja Nähe brauchte. Ich hatte zugestimmt, weil ich mir dachte: Immerhin gibt's da 'ne U-Bahn. Der Wohnungsmarkt hatte mich dann allerdings so gemobbt, dass ich spontan beschlossen hatte, dass es doch Wien werden würde. Ob man jetzt zwei oder vier Stunden voneinander entfernt ist, ist meiner Meinung nach auch schon Laterne. Als Mensch, der nicht so viel Nähe braucht, hätte ich sogar gesagt: Drei, vier Stunden mehr wären auch okay.

Don't get me wrong, ein Umzug ist auf jeden Fall etwas, das man mit seinem Partner oder seiner Partnerin besprechen sollte. Vor allem, wenn eine Person relativ weit wegzieht. Der entscheidende Punkt für mich ist aber ein anderer: Ben hat ständig überall herumgetönt, dass er nach seinem Studienabschluss nach Deutschland gehen würde – was er nicht mit mir besprochen hatte. Und hat hier jemals irgendwer gefragt, ob das für mich in Ordnung wäre? Nein.

Und bevor jetzt jemand kommt mit: »Aber du weißt doch nicht, ob das in deiner Abwesenheit jemand gefragt hat ...« Doch. Ich habe einen Kumpel aus dieser Clique, der bei so ziemlich all ihren Treffen dabei war, und auch er meinte: »Nein.«

**Ist das nicht blöd für ihn,
deinen Namen anzunehmen?**

Ich habe zum Thema Heiraten eine klare Meinung: Ich finde fette Partys und Brautkleider extrem cool, aber es ist nicht mein Lebenstraum, viel zu viel Kohle auszugeben, zuerst in einer peinlichen Limousine mit einer Bride-Schärpe durch die Stadt zu cruisen und danach eine Party zu feiern, zu der ich alle meine Verwandten einladen muss und bei der ich nicht mal ordentlich trinken oder tanzen kann, weil ich sonst auf den Fotos kacke aussehe und mich dann ärgern würde. Außerdem sprechen für mich noch ein paar mehr Dinge gegen eine Hochzeit, aber dazu später mehr, jetzt erst mal zum Namen.

Ich würde auf der Stelle ohne zu zögern meine britische Freundin Holly heiraten, sollte sie jemals Probleme mit ihrer Staatsbürgerschaft bekommen, wenn ich dafür ihren herrlichen Nachnamen Wilkinson annehmen dürfte.

Aktuell sieht's allerdings so aus, dass ich einen Menschen habe, der sich vorstellen könnte, mich zu heiraten. Der hat allerdings einen Nachnamen, der nicht mal annähernd Wilkinson lautet. Zum Glück sieht er das aber selber ein und meinte sofort von sich aus: »Julia, falls wir jemals heiraten, heißen wir danach bitte beide Brandner.«

Ich betone hier noch mal: Es war seine Entscheidung – die ich gutheiße. Aber das tut hier nichts zur Sache. Sondern dass dennoch ich diejenige bin, die die Frage bekommt: »Ist das denn *okay* für ihn? Ich meine, er muss ja dann seine ganzen Dokumente umschreiben lassen und seinen Nachnamen überall ändern lassen, willst du ihm das wirklich antun?«

Aber *mir* kann man das einfach zumuten oder was? Stimmt, ich bin ja die Frau in dieser Beziehung und außer kochen hab' ich nichts zu tun. A, Blödsinn, das machte bei uns ja auch er.

KAPITEL 5

Oh, wie süß, der Papa passt aufs Kind auf!

Ich stehe zur Rushhour in der rappelvollen U-Bahn und will einfach nur nach Hause. Ich habe den ganzen Tag mit Idioten zu tun gehabt und zum Schluss auch noch mit meinem unfähigen Internetanbieter telefoniert, der meinte, dass es »wohl am Faktor Mensch liegen« müsse, dass mein Internet kacke sei. Meine Augen verdrehen sich ins Innere ihrer Höhlen, als sich eine Mutter mit Kinderwagen in den Waggon quetscht. Muss das jetzt wirklich sein? Ist doch echt respektlos, so viel Platz in einer U-Bahn einzunehmen, in der Platz eh schon Mangelware ist. Als Mutter eines Säuglings hat man doch eh den ganzen Tag nichts weiter zu tun, als irgendwelche beschissenen Kinderlieder zu singen und Windeln zu wechseln, kann man da eine U-Bahn-Fahrt nicht besser timen? Jetzt schreit das Kind auch noch. Hallo?! Wie rücksichtslos kann man bitte sein? Es gibt hier drin Menschen, die haben vorher mit ihrem Internetanbieter telefoniert! Ich habe überhaupt kein Mitleid mit der Mutter, auch wenn sie aussieht, als wäre sie den Tränen nahe. Sollte man sich denn nicht erst mal ein Auto leisten können, bevor man ein Kind in die Welt setzt? Gibt es nicht eine klassische Reihenfolge an Ereignissen, die man im Leben zu befolgen hat? Erst Studienabschluss, dann eigenes Auto, dann zum ersten Mal allein eine Versicherung abschließen und dann erst ein Kind kriegen?

Genervt quetsche ich mich durch die Menge, um dem schreienden Kind zu entkommen, und steige in einen anderen Zugteil ein.

Oh, wie süß! Da ist ein Papa mit seinem kleinen Kind! Wie toll er es hält und wie gut sie sich verstehen. Sofort finde ich den Mann, der eigentlich gar nicht mein Typ ist, irgendwie attraktiv. Ich wusste ja schon, dass ich einen leichten Vaterkomplex habe, aber das nimmt gerade echt seltsame Züge an. Stopp, Julia! Hör auf, den Mann so anzustarren und zu versuchen, mit ihm zu flirten! Nicht auszudenken, wenn was zwischen uns entstehen würde und ich dann das Kind adoptieren müsste. Ich mag schließlich keine Kinder. Vielleicht könnte ich ihn ja dazu kriegen, das Kind für mich zur Adoption freizugeben? Aber ohne das Kind fände ich ihn nicht mehr attraktiv. Aaaah, Teufelskreis!

Er erzählt seinem Kind etwas, das ich nicht verstehe, und das Kind antwortet etwas, das wohl niemand versteht. Die U-Bahn bremst abrupt, das Kind beginnt zu schreien. *Oh nein, das arme Kind!*, will ich denken, aber es hat ja seinen Superdaddy dabei, der es beruhigend an sich drückt, sodass die Tränen nur noch bei mir vor lauter Rührung fließen. Zum Glück scheint der Typ mit dem Kind kein Auto zu haben, sonst wäre mir dieser Anblick entgangen.

Ich habe mich selbst schon öfter bei diesen Gedanken ertappt und im Gespräch mit Freundinnen festgestellt, dass ich damit nicht allein bin.

Ich habe im vorherigen Kapitel schon angesprochen, dass Väter oft wahrgenommen werden, als würden sie ihr eigenes Kind »babysitten«, wenn sie sich drum kümmern, und als hätten sie nicht einen wesentlichen Teil dazu beigetragen, dass es lebt. Wie passt das eigentlich zusammen, dass sie in der öffentlichen Wahrnehmung nicht viel Beitrag zu leisten scheinen, aber für dieses absolute Minimum dann maximal abgefeiert werden?

Bei einer Comedyshow hat mal ein Comedian erzählt, dass er Vater geworden ist. Das Publikum johlte und applaudierte, jemand rief: »Oh mein Gott, Harald, du geile Sau!« (Name von der Redaktion geändert und Geschichte eventuell etwas übertrieben dargestellt, aber ich möchte, dass du den Vibe fühlst.) Ich dachte mir: »Hm, nice, damit kann man sich mal einen guten Anfangsapplaus checken.« Ich betrat also die Bühne und sagte: »Ich heiße Julia, ich bin vor Kurzem Mutter geworden.«

Stille.

Totenstille.

Ich hörte jemanden mit der Stimme meiner Großtante fragen: »Und, wie machst du das jetzt mit der Arbeit?«

Das ist doch unfair! Gehen wir mal die biologischen Fakten durch: Eine Frau hat das Kind neun Monate im

Bauch getragen, hat in dieser Zeit im Idealfall auf Alkohol und Zigaretten verzichtet und es dann unter Schmerzen irgendwie auf die Welt gebracht und ihr Körper produziert danach sogar meistens noch Nahrung für das Kind. Das ist eine Leistung!

Der Mann hat einfach nur gebumst. Und wir wissen als Außenstehende nicht mal, ob er das besonders gut gemacht hat. Vielleicht war sein Beitrag zur Zeugung, zwei Minuten auf dem Rücken zu liegen. Vielleicht war seine Partnerin danach so richtig unzufrieden und hätte mit ihrem Lieblingsvibrator deutlich mehr Spaß gehabt. Vielleicht hätte sie sogar bei einem Termin beim Finanzamt mehr Spaß gehabt. Wir wissen es nicht! Gut, vielleicht hat Harald auch die Performance seines Lebens hingelegt und man sollte ihm für seine Meisterleistung eine eigene Doku widmen, damit alle von ihm lernen können, aber: *Wir wissen es nicht!* Und selbst wenn es so wäre, hätte die Mutter immer noch mehr dazu beigetragen, dass das Ergebnis von Haralds Meisterleistung heute Elias heißt und gerade sein erstes Wort gesagt hat.

Die kriegt nur lustigerweise nie Applaus. Oder wie oft habt ihr schon gehört: »Wow, Maria, du warst 16 Stunden in den Wehen und bist davor sogar noch selbst mit dem Auto ins Krankenhaus gefahren? Und wärst ohne Notkaiserschnitt fast gestorben, aber hast es überlebt? Wie krass bist du denn?« (Meine Meinung: Jede Frau, die ein Kind auf die Welt bringt, egal wie, ist verdammt krass und hätte einen solchen Satz verdient.)

Stattdessen kommt da oft so etwas wie: »Also, meine Wehen haben 17 Stunden gedauert und ich hab' mein Kind *richtig* auf die Welt gebracht, ich hab' keine Abkürzung genommen, so wie du.« Daraufhin hört man eine andere Frau rufen: »Ich habe mein Kind nach 23 Stunden Wehen im Wald bekommen, ich hatte nicht mal medizinische Betreuung oder Schmerzmittel, ich musste irgendwelche Blätter kauen in der Hoffnung, dass sie mich ausknocken!«

Und dann hört man plötzlich den dazugehörigen Mann sagen: »Ja, das kann ich bestätigen, ich war dabei.« Und plötzlich sind alle Feuer und Flamme, weil er während der gesamten Geburt nicht von ihrer Seite gewichen ist! Was für ein Traummann!! Man bekommt bei diesen Lobhudeleien das Gefühl, als hätte er das Kind aus seinem Penis gepresst.

Ich bin keine Mutter und kann sicher vieles nicht nachvollziehen und nicht nachempfinden, wie viel Stütze der Partner einem in einer so krassen Situation sein kann. Aber jedes Mal, wenn sich eine Mutter in Lobeshymnen darüber verliert, dass ihr Partner bei der gesamten Geburt des Kindes dabei war, schüttle ich nur den Kopf und denke mir: Ja, besser ist es! Es ist ja auch seins. Er ist dafür mitverantwortlich, dass du dich so vor Schmerzen krümmst, dass du am liebsten sterben würdest (ich hatte zwar noch nie eine Geburt, aber ich bin wehleidig und mir tut allein der Gedanke daran weh). Da hat er doch gefälligst mit mir zu leiden, mitgehangen, mitgefangen! Ich kann ja auch nicht einfach sagen: »Ne, mir ist das hier zu blöd, ich geh jetzt Fußball schauen, ruft mich an, wenn das Kind da ist.«

Väter können sich vergleichsweise einfach aus ihrer Verantwortung ziehen und werden gefeiert, wenn sie es nicht tun, während Mütter für so ziemlich jeden Furz angegriffen werden. Nur durch Instagram weiß ich, dass es offenbar gängige Praxis ist, Frauen für ihre Art zu gebären zu verurteilen. Wenn sie sich für einen Kaiserschnitt entscheiden, »können sie das Kind nicht lieben, da baut man keine Bindung auf«. Wenn sie Schmerzmittel oder gar eine PDA nehmen, »nehmen sie in Kauf, dass das Kind zu Schaden kommt«. Wo ich mir nur denke: »Ja, Renate, wenn du so krass bist, dass du alles auf vaginalem Weg ohne Schmerzmittel schaffst, dann press du doch alle Kinder dieser Welt aus dir raus, anscheinend macht's dir eh Spaß.«

Und nachdem das Kind, auf welchem Weg auch immer, den Weg raus aus dem Körper gefunden hat, geht das Mom-Bashing gleich weiter. Eine richtig gute Mutter kannst du schließlich nur sein, wenn du deinem Kind jeden Tag frischen Brei aus Hirse, Karotten und Chiasamen kochst, die Zeit wirst du ja wohl haben, Karin!!! Gefühlt bist du als Mutter gleich ein Monster, wenn dein Kind einmal im Monat ein Stück Schokolade bekommt. Aber wenn ein Vater mal mit seinem Kind zu McDonald's geht, ist das natürlich super! Der Mann weiß nicht nur, dass er ein Kind hat, er weiß sogar, dass die hin und wieder was essen müssen! Wow, was für ein Kerl!

Versteh mich nicht falsch: Ich gönne jedem Vater, der

sich liebevoll und leidenschaftlich um sein Kind kümmert, die Anerkennung. Doch im Sinne der Gleichberechtigung fände ich es nur fair, wenn wir die Mütter,
die diesen Job mindestens ebenso gut machen, auch mal
ordentlich abfeiern würden.

KAPITEL 6

Wie, du willst keine Kinder?

Mein 16-jähriges Ich steht wie paralysiert in der Ecke, um es herum lauter Kinder. »Lauter« ist in diesem Fall doppeldeutig zu sehen, auch wenn das grammatikalisch nicht ganz korrekt ist. Sie sind nämlich wirklich lauter als alles, was ich bisher erlebt habe. Wenn ich hier raus-gehe, habe ich garantiert einen Trommelfellschaden. Ich sehe, wie meine Freundin Marlene sich beherzt ein Kind schnappt und mit ihm zu spielen beginnt, während ich mich immer noch nicht rühren kann. Wie ich sie so beobachte, werde ich gleichzeitig neidisch, weil sie das so gut kann, und sauer, dass sie mich in diese Situation gebracht hat. Sie liegt so weit außerhalb meiner Kom-fortzone, dass ich für den Flug dorthin Businessclass buchen würde, weil ich es nicht riskieren würde, so lange eingequetscht neben eventuell stinkenden Menschen (oder noch schlimmer: weiteren Kindern) zu sitzen.

Wir waren im Rahmen eines Schulprojekts namens »Zeit schenken« dort, bei dem man zwei Stunden pro Woche in einer sozialen Einrichtung aushelfen sollte. Heute würde ich sagen: »Unbezahlte Arbeit? Sicher nicht, ihr Wichser. Bezahlt Leute, die in diesen Berufen arbeiten wollen, endlich ordentlich, dann hättet ihr nicht so einen Personalmangel, dass ihr ihn mit unfähigen Schülerinnen wie mir kompensieren müsstet.« Leider war ich damals noch nicht so charakterstark und schlagfertig, deshalb beugte ich mich dem sozialen Druck der Klasse – weil ich nicht die Einzige sein wollte, die ihre Zeit für so wichtig nahm, dass sie nichts davon weiterschenken wollte – und dem meiner Freundin Marlene.

Wenn ich schon Zeit verschenken sollte, so wollte ich sie zumindest im Tierheim verbringen und mit Hunden Gassi gehen oder zumindest im Altersheim mit Omis und Opis Schach spielen. Ich konnte kein Schach, aber ich wäre bereit gewesen, es dafür zu lernen. Aber Marlene hatte mich überredet, mit ihr in den Kindergarten zu gehen. Und da stand ich dann, wie bestellt und nicht abgeholt, und hatte keine Ahnung, was ich dort eigentlich machte.

»Spielt einfach mit ihnen«, hatte die Leiterin des Kindergartens gesagt, als wir angekommen waren. Hahaha, was du nicht sagst, Bitch! Wie mache ich das denn? Kann ich einfach zu so einem Kind hingehen oder muss ich da erst einen Antrag ausfüllen? Was spielt man mit solchen Kindern, wenn man nicht wie ein Vollidiot dasitzen und Autogeräusche nachmachen oder andere Kinder verprügeln will, so, wie die zwei in der Ecke es getan haben?

Marlene hat sich zu meinem Unmut das einzige Kind geschnappt, das nur in der Ecke sitzen und Bücher lesen, aber sicher nichts mit den anderen Kindern machen will.

Oida, das ist das einzige Kind, mit dem ich hier irgendwelche Gemeinsamkeiten habe!

»Marlene, soll ich dich ablösen?«, frage ich vorsichtig.

»Nein, passt schon, wir lesen hier grad schön. Aber du
kannst ja zu den Jungs gehen und mit ihnen Auto spielen«, sagt sie, ohne aufzusehen. Blöde Sau.

Vorsichtig nähere ich mich den Jungs und fühle mich,
als müsste ich mich darauf vorbereiten, gleich in ein
brennendes Haus zu rennen.

»Hey, Jungs, darf ich mitspielen?«, frage ich. Keiner
bemerkt mich auch nur ansatzweise. Ich probiere es
noch einmal lauter und fühle mich wie ein Vollidiot dabei. Versuche ich wirklich gerade, kleinen Jungs meine
Gesellschaft aufzudrängen? Wer bin ich denn, ein katho-
lischer Pfarrer?

»Nein, du bist ein Mädchen, die können das nicht!«,
schreit der kleine Junge, der vorher noch einen anderen
verdroschen hat. Scheiß Sexisten. Ich nehme mir eins
ihrer Autos und kicke es so weit weg, wie die kleinen
Jungs es natürlich nie geschafft hätten, weil sie mir körperlich unterlegen sind. Dann gehe ich. Sie rufen mir
Beschimpfungen hinterher.

Ich verbringe den Rest der Zeit damit, der Erzieherin
dabei zu helfen, Sterne aus Bastelpapier auszuschneiden
und mit ihr zu quatschen. Das ist nett und sie scheint
sich zu freuen, auch mal in einer normalen Stimmlage
mit jemandem sprechen zu können. Deshalb verbringe
ich meine darauffolgenden Einsätze genauso.

Ich würde gerne sagen, dass ich irgendwann aufgetaut

bin und diese Kinder mir doch ans Herz gewachsen sind, aber die Wahrheit ist: Ich habe sie mit jeder Minute noch mehr gehasst und habe dieses Projekt häufiger geschwänzt als den Physikunterricht, in dem mich der Lehrer mal für eine neue Schülerin gehalten hat, weil er mich einfach nicht mehr erkannte. Der Tag, an dem ich diesen Kindergarten verlassen habe mit dem Wissen, nie mehr dorthin zu müssen, ist bis heute einer der schönsten meines Lebens geblieben – zusammen mit dem Tag, als ich meinen eigenen Kindergarten für immer verlassen habe. Und später dann alle folgenden Schulen. Ja, ich hatte schon als Kind ein schwieriges Verhältnis zu Kindern.

Ich habe festgestellt, ich stehe zu Kindern wie zu lebensgroßen Statuen von Orang Utans: Ich freue mich für meine Freund*innen, wenn sie so was haben und es feiern, hin und wieder schau ich mir eins an und finde es vielleicht sogar ganz cool, aber ich würde mir nie selbst eins nach Hause holen.

Ich wollte nie Kinder und ich mache auch keinen Hehl daraus, wenn mich jemand danach fragt. Ich schneide dieses Thema allerdings mittlerweile nicht mehr selbst an, denn das macht so ziemlich immer ein Fass auf, das ich im Nachhinein lieber zugelassen hätte. Wäre ich ein Mann, dann wäre meine Einstellung zu Kindern wahrscheinlich vollkommen okay und die Menschen fänden es cool, dass ich mich stattdessen auf mich selbst fokussieren möchte. Da ich aber eine Frau bin, sehen mich die Leute deswegen an, als hätte ich erzählt, dass ich in meiner Freizeit regelmäßig lebendige Hundewelpen häute.

Sobald sich meine Gesprächspartner*innen dann wieder gefangen haben, kommt in der Regel eine sehr hilfreiche Lebensweisheit.

Der Klassiker ist: »Julia! Kinder sind doch das Wertvollste der Welt!« Den bringt auch meine Freundin Karin mit Augenringen hervor, die so groß sind, dass man sie als Requisite zum Durchspringen für Zirkusartist*innen verwenden könnte. »SIMON!«, schreit sie plötzlich, ich zucke zusammen. »Jetzt reicht's mir mit dir, lass die Katze in Ruhe!« Ja, wenn ich den 5-jährigen Simon betrachte, wie er die arme Katze mit einem Buttermesser in der Hand jagt, ist mein erster Gedanke auch ganz klar: Wow, ist der Kleine wertvoll!

Karin hat es mittlerweile geschafft, ihm das Buttermesser zu entwenden, und setzt sich mit einem Seufzen zu mir zurück. Kurz hatte ich die Hoffnung, dass wir das Kinderthema nun abgeschlossen haben und uns wieder den wichtigen Themen des Lebens widmen und über *Love Island* sprechen können. Aber ich hatte mich getäuscht. Sie lächelt mich entkräftet an und sagt: »Ich dachte auch immer, dass ich keine Kinder will. Und ja, es ist hart, aber wenn sie mich dann anlächeln, macht mich das richtig glücklich!«

»Wann hat Simon dich das letzte Mal angelächelt?«, frage ich, weil Karins Gesicht sehr viele Emotionen zeigt, aber Glück definitiv keine davon ist.

»Ist schon eine Weile her«, gibt sie zu. »Wir erleben gerade eine sehr schlimme Trotzphase.«

»Hast du schon mal drüber nachgedacht, ihn zur

Adoption freizugeben?«, frage ich in der Hoffnung, dass sie lacht und es als Scherz aufnimmt. Tut sie nicht. Ich habe die Frage wohl zu ernst gestellt und zu sehr gehofft, dass sie sagt: »Ja, wir suchen nur noch eine nette Familie für ihn, machen den Papierkram und dann ist er weg und wir können endlich wieder saufen.«

Stattdessen sagt sie: »Julia, bitte, du warst auch mal ein Kind!«

»Ich war auch mal römisch-katholisch und bin es jetzt nicht mehr. Was ist dein Punkt?«

»Was, wenn deine Eltern auch so gedacht hätten wie du? Dann würdest du jetzt nicht hier sitzen!«

»Ich glaube, das wäre mir ziemlich egal, denn das würde ich vermutlich nicht mitbekommen.« Ich zucke mit den Schultern.

»Ich weiß nicht, ich finde das ziemlich egoistisch. Als Frau hast du eine gewisse Verantwortung der Gesellschaft gegenüber.«

»Keine Kinder zu kriegen, ist mein Beitrag, meinen ökologischen Fußabdruck zu reduzieren, damit dein Simon noch was von der Erde hat. Auch wenn es so aussieht, als würde er sie weiter zerstören wollen.«

Simon hat sich mittlerweile ein Buch geschnappt und fängt an, genüsslich die Seiten einzeln rauszureißen. Inzwischen unternimmt Karin nicht mal mehr den Versuch, ihn davon abzuhalten.

»Es wird alles wieder besser«, sagt sie und ich bin mir unsicher, ob sie sich das gerade selbst einredet. »Worauf ich hinauswill, ist: Wenn du mal den richtigen Partner gefunden hast, kommt der Kinderwunsch ganz automatisch.«

»Der richtige Partner ist für mich einer, der mich nicht zum Kinderkriegen drängt, wenn ich keine will.«

Karin schnaubt. »Wir sprechen uns noch mal, wenn du in meinem Alter bist und die biologische Uhr zu ticken beginnt.«

»Karin, halt den Ball flach, du bist ein Jahr älter als ich.« Auch wenn du seit der Geburt deines Kindes noch mal zehn Jahre gealtert bist, füge ich in Gedanken hinzu.

»Hast du denn keine Angst, im Alter mal allein zu sein?«

»Wenn, dann wäre das ein ziemlich egoistischer Grund, um Kinder in die Welt zu setzen, oder?«

»Aber hast du nicht das Gefühl, dass du als Frau weniger wert bist, wenn du keine Kinder hast?«

»Nope. Und an dieser Stelle möchte ich das Gespräch gerne beenden.«

Ich frage mich, woher dieser Drang mancher Menschen kommt, sich so beherzt in die Lebensplanung anderer einmischen zu wollen. Warum lassen mich solche Menschen nicht mit ihren Ansichten in Ruhe?

Ich sage doch auch nicht: »Hey, Brigitte, du willst Kinder? Wirst sehen, das vergeht dir schon noch!«, oder antworte auf ihre Schwangerschaftsverkündung mit: »Fuck, mein Beileid!«, nur weil eine Schwangerschaft für mich eine Katastrophe wäre. Der Kinderwunsch anderer Menschen geht mich nichts an und ich habe ihnen da nicht ungefragt reinzureden.

Wenn mein Lebenspartner oder meine Lebenspartnerin sich Kinder wünscht, klar, dann ist das was anderes. Dann müssen wir darüber reden und uns überlegen, wie wir das machen. Dann muss entweder einer von beiden nachgeben und eventuell mit dieser Entscheidung unglücklich sein oder man stellt die Kinderfrage über die Partnerschaft und geht getrennte Wege – was vollkommen okay ist. Es gibt bei der Frage »Kinder oder keine Kinder?« nun mal keinen Kompromiss. Man kann halt nicht nur ein halbes Kind bekommen.

Was mich nervt, ist, dass mein nicht vorhandener Kinderwunsch oft als »jugendliche Laune« abgetan wird. Ich sei ja noch viel zu jung, um sagen zu können, ob ich Kinder möchte. Nein, ich bin erwachsen und darf daher selbstbestimmt über meinen Uterus entscheiden. Punkt. Schließlich darf man in meinem Alter ja auch ohne Bullshit von außen beschließen, *dass* man Kinder möchte. Natürlich kann es sein, dass ich mich eines Tages anders entscheide oder dass ich es irgendwann bereue, keine Kinder zu haben. Aber warum reden wir nicht mal darüber, dass es viel problematischer wäre, wenn es umgekehrt wäre? Wenn ich ein Kind kriegen und es dann bereuen würde, weil ich es zwar liebe, aber ohne es glücklicher gewesen bin? Das wäre meines Erachtens viel schlimmer, denn dann müsste nicht nur ich, sondern auch ein anderer Mensch darunter leiden. Und das würde er garantiert, denn auch wenn mir jeder versichern will, was für eine tolle Mutter ich doch wäre, ändert das nichts an der Tatsache, dass ich schon mit der Anwesenheit von

Kindern heillos überfordert bin. Das führt gerne mal dazu, dass sich Kinder bei Feierlichkeiten zu mir chillen, weil ich die Einzige bin, die sie in Ruhe lässt und sie nicht ständig bespaßen oder knuddeln will. Das ist okay für mich, solange ich nichts mit ihnen machen muss, komme ich klar. Aber ich glaube, mit dem eigenen Kind sollte man sich doch hin und wieder mal beschäftigen.

Ich habe gerade die Stimme meiner Mama im Kopf, die mir sagt: »Schatzi, das ist ganz normal. Ein Kind ist wie ein Furz. Deine eigenen stören dich nicht, aber die von anderen sind unerträglich. Ich hasse Kinder auch, aber dich liebe ich abgöttisch.«

Worauf ich immer sage: »Ja, Mama, das mag sein. Aber vergiss nicht, dass du auch überdurchschnittlich viel Glück mit deinem Kind hast!«

Da muss sie mir dann leider zustimmen.

Was mich am Kinderkriegen noch abschreckt, ist das Körperliche, was damit einhergeht. Ich bin so wehleidig, dass ich sogar schon bei Regelblutungen geweint habe. Nach meiner Blinddarm-OP habe ich mich ewig nicht bewegt, weil jeder Schritt geschmerzt hat. Und wenn ich ohne BH rumlaufe, muss ich meine Brustwarzen abkleben, weil die sich so leicht aufreiben und ich am liebsten weinen würde. Ich bin definitiv zu wehleidig fürs Kinderkriegen und Stillen – deshalb habe ich größten Respekt vor allen Menschen, die sich das freiwillig antun und auch noch etwas Schönes daran finden können. Ihr habt meine Hochachtung!

Hinzu kommt, dass die Vereinbarkeit von Beruf und

Familie für Frauen leider immer noch ziemlich bescheiden ist. Okay, als Selbstständige habe ich keine Probleme mit Elternzeit und Ähnlichem und ich werde Himmel und Hölle in Bewegung setzen, damit sich das auch nie wieder ändert. Aber sollte ich doch noch einmal in ein Angestelltenverhältnis zurückmüssen, würde ich schon aus Prinzip kein Kind kriegen, solange sich die Strukturen für Mütter (und natürlich auch Väter, die für ihre Kinder da sein wollen) nicht endlich bessern.

All diese Dinge (neben der Tatsache, dass Kinder tatsächlich nicht besonders geil für den ökologischen Fußabdruck sind) hindern mich daran, Kinder zu bekommen. Das ist keine jugendliche Laune, das ist wohlüberlegt und ich finde, dass jeder Mensch diese Entscheidung für sich treffen darf.

Apropos Entscheidung für sich treffen – an dieser Stelle möchte ich mich gleich für »Pro-Choice« aussprechen. Ich habe Abtreibungsgegner*innen noch nie verstanden und verachte es zutiefst, wenn Menschen sich vor Abtreibungskliniken stellen und Frauen auf dem Weg dorthin vorwerfen, sie seien Mörderinnen. Ich verstehe Männer nicht, die bei dieser Sache, die ihren eigenen Körper niemals betreffen wird, so selbstbewusst die Fresse aufreißen und Entscheidungen verurteilen, deren Konsequenzen sie nicht tragen müssen. Wenn es um das eigene Kind geht, ist das noch mal eine andere Sache, aber, liebe Männer, ihr müsst so ein Kind nicht auf die Welt bringen. Und ich verstehe auch Frauen nicht, die sich gegen Abtreibungen aussprechen. Sie könnten schließlich selbst mal ungewollt schwanger werden und das Kind nicht bekommen wollen. Das Argument, das dann immer kommt: Man würde eine unglaubliche Stärke entwickeln, wenn man schwanger ist, und das auch durchstehen. Kann sein, dass du das kannst, Sybille. Aber vielleicht kann Natalie es nicht – oder *möchte* es nicht. Das sollte man respektieren. Wer mit den Konsequenzen leben muss, sollte entscheiden dürfen, und zwar ohne Druck von außen. So eine Entscheidung zu treffen, ist schwer genug, auch ohne dass einem von allen Seiten ein schlechtes Gewissen eingeredet wird.

Und weil das Argument auch immer wieder kommt: Ich kenne einige Frauen, die abgetrieben haben und *nicht* traumatisiert, sondern glücklich mit ihrer Entscheidung sind.

Zuletzt ist mir noch eine Sache wichtig: Dieses Kapitel soll sich nicht grundsätzlich gegen Kinder aussprechen. Ich möchte damit sagen, dass *ich* keine möchte und mir dafür Akzeptanz wünsche. Wenn du da draußen Kinder willst und am liebsten eine ganze Fußballmannschaft hättest: Go for it! Ich freue mich für dich, wenn das klappt.

Leider gibt es auch Menschen, die Kinderkriegen für antifeministisch halten, weil Frauen sich damit in ein veraltetes Rollenbild zwängen würden. Na ja, ich fürchte, die Biologie können wir so schnell nicht ändern. Antifeministisch finde ich es nicht, Kinder zu kriegen. Ich finde es antifeministisch, Frauen vorzuschreiben, wie sie leben sollen. Ich bin Pro-Choice – und zwar in beide Richtungen!

KAPITEL 7

Nein, ich will nicht.

»Ich muss meinen Verlobungsring einfach ständig auf Instagram posten, ich kann nicht anders! Er ist einfach so wunderschön und ich bin so stolz drauf! Warte nur, bis du auch einen hast, dann wirst du's genauso machen.«

Diese Prophezeiung von meiner Bekannten Marie stimmte mich nachdenklich. Wir hatten uns über drei Jahre meist mehrmals pro Woche gesehen – nur kennengelernt hatten wir uns in dieser Zeit anscheinend nicht besonders gut. Sonst hätte sie wohl eher so etwas geschrieben wie: »Ich weiß, du findest das wahrscheinlich albern, denn wenn du an meiner Stelle wärst, würdest du erst irgendwann in der Zukunft in einem Nebensatz droppen, dass du seit Jahren schon verheiratet bist.«

Falls ich jemals heiraten sollte, wäre nämlich exakt das meine Herangehensweise. Außer meinen allerallerengsten Liebsten würde ich niemandem von einer etwaigen Verlobung erzählen, und die würde ich unter Schweigepflicht stellen. Sonst will ja jeder Arsch, der davon erfährt, zur Hochzeit eingeladen werden. Gar kein Bock auf die

Scheiße. »Sorry, Lisa, die ich schon während meiner Schulzeit nicht leiden konnte, aber wir können dich leider nicht einladen. Liegt nicht an dir, das liegt an meinem Glauben. Und ich glaube nun mal ganz fest daran, dass ich dich am schönsten Tag meines Lebens nicht dabeihaben will, weil du niemand bist, mit dem ich jemals auch nur einen annähernd schönen Tag verbracht habe.«

Ich glaube nicht, dass ich das oder etwas Ähnliches mal sagen werde. Erstens bin ich nicht so ehrlich. Ich würde Lisa dreist anlügen und behaupten, dass ich sie natürlich eingeladen hätte, aber die Post die Karte wohl verschlampt hat. Schade, wirklich sehr schade! Zweitens habe ich, wie bereits erwähnt, kein gutes Verhältnis zu Hochzeiten. Ich bin selten auf welchen und wenn, freue ich mich ehrlich gesagt am meisten darüber, dass ich dort nicht selbst für den Alkohol blechen muss. Aber dafür kann ich auch meine Freundin Änni besuchen, deren Familie ein Weingut besitzt – hat den Vorteil, dass ich da eine Jogginghose tragen kann und die nicht mit einem beschissenen Farbkonzept matchen muss.

Bevor ich meinen persönlichen Hochzeitsrant weiterführe, möchte ich vorwegnehmen: Falls du verheiratet bist oder gerne heiraten möchtest, überspring vielleicht lieber dieses Kapitel, denn es könnte sein, dass du mich danach nicht mehr magst. Falls du trotzdem weiterlesen magst: Ich verurteile niemanden, für den Heiraten die größte Sache im Leben ist, auch wenn ich es bedenklich finde, wie manche Frauen kurz vor der Hochzeit zu Heiratsmonstern werden und ihre grundsätzlich feministischen Prinzipien über Bord werfen, sobald sie einen Ring am Finger in Aussicht haben, aber hey – you do you!

Wenn du den größten Spaß deines Lebens hattest, als du in einer Stretchlimousine deinen Junggesell*innenabschied gefeiert hast, und wenn deine Hochzeit wirklich so ein fucking geiler Tag in deinem Leben war und du jetzt in deiner Ehe das beste Leben ever führst, gönne ich dir das von Herzen. Ich bin keine dieser Frauen, die die Nase rümpfen würden, wenn andere ihr von ihrer bevorstehenden Hochzeit erzählen, weil sie sich denken: »Du beschissene Antifeministin wirfst die Frauenbewegung um 50 Jahre zurück!!!« Ich würde höchstens die Nase rümpfen, wenn ich dazu eingeladen und angehalten wäre, einen *ganz bestimmten* Olivgrünton zu tragen, weil die Braut ihren Heiratsantrag in einem Olivenhain bekommen hat und sie deshalb daran erinnert werden möchte, obwohl ich Olivgrün hasse und dieser Farbton gerade so gar nicht im Trend liegt und es daher so gut wie unmöglich ist, ein Teil in dieser Farbe zu bekommen, das unter 100 Euro kostet. Nachdem ich einmal sechs Stunden lang mit meiner Freundin Chrissi ein Brautjungfernkleid suchen musste, das diesen einen ganz bestimmten Grünton haben *musste*, den sich die Braut eingebildet hatte und den es zu dieser Zeit natürlich nirgends gab, habe ich einen regelrechten Hass auf Farbkonzepte entwickelt.

Wenn mich also jemand zu seiner Hochzeit einlädt und dort so einen beschissenen Dresscode vorgibt, dass ich mehrere hundert Euro für ein Kleid ausgeben muss, das ich danach nie wieder tragen werde, weil es mir nicht gefällt, und das nur, »damit es auf den Fotos gut aussieht, weil ich hab das so auf Pinterest gesehen«, kann sich das Brautpaar ins Knie ficken. Selbiges gilt für die Wahl der Location. Wenn alle deine Liebsten in Wien sind, aber du dir aus irgendeinem unerfindlichen Grund einbildest, in einem Kaff im nördlichsten Dänemark heiraten zu müssen, das man von Kopenhagen aus in fünf Stunden mit dem Auto oder in 15 Stunden mit dem Zug erreicht (und du deine Gäste noch zusätzlich mit deinem Greeneryfarbkonzept terrorisierst), dann hast du es nicht anders verdient, als eine einsame Traumhochzeit mit deinem Mann, dem Pfarrer und ein paar Tauben zu feiern, Clara.

Ich habe lang gedacht: Wenn ich mal heirate, dann unkompliziert. Alle tragen, was sie wollen, weil ich mich kenne und diese Fotos nie wieder anschauen werde (und wenn, dann werde ich sicher nicht sauer, wenn meine beste Freundin darauf ein Kleid trägt, das sie gernhat, statt eines, das ich ihr aufgezwungen habe). Der DJ spielt Punkrock, Deutschrap und 2000er-Popsongs aus meiner Guilty-Pleasure-Playlist und auf keinen Fall Helene Fischer – und sonst ist mir alles egal, Hauptsache Alkohol, gute Vibes und keine Kinder.

Dann habe ich das alles mal weitergedacht und mittlerweile bin ich an dem Punkt angekommen, dass ich einfach gar nicht mehr heiraten möchte. Und das liegt nicht daran, dass ich »eh keinen finde, der mich aushält«. Newsflash, es geht auch hier mal wieder nicht nur um Männer. Ich bin bisexuell, also wenn man mir das schon an den Kopf werfen möchte, dann möge man dabei bitte zumindest korrekt gendern, danke.

Wenn Heiraten einfach eine coole Party wäre, bei der man sich halt gegenseitig noch einen Ring schenkt, dann wäre ich natürlich dabei und würde mich drum kümmern, dass alles so cool wie möglich wird. Das Ding ist nur – das ist es nicht.

Mit Heiraten gehen unglaublich viele Verpflichtungen einher und ich weiß nicht, ob das jedem Menschen, der heiratet, so bewusst ist. Ich kann nur von mir sprechen, aber ich habe eine Google-Recherche gebraucht und mir ist dann erst mal die Kinnlade runtergeklappt bei dem ganzen, sorry für die Wortwahl, Scheiß, den man sich mit einer Hochzeit ans Bein bindet. Und ich habe für Österreich gegoogelt, wo wir zumindest vom Ehegattensplitting verschont bleiben. Meine deutschen Friends sollten das wissen: Beim Ehegattensplitting wird der Haushalt besteuert und nicht man selbst als Privatperson. Das ist komplett Laterne, wenn beide Partner-*innen gleich viel verdienen, aber sobald es massiv auseinanderdriftet, wird's spannend. Dann ist nämlich die Person, die besser verdient, gut bedient, weil sie dadurch, dass sich die Steuerlast fifty-fifty aufteilt, im Verhältnis weniger Steuern zahlen muss – für die geringer verdienende Partei ist es gelinde gesagt beschissen. Und wen trifft das leider in den meisten Fällen? Richtig, die Frau!

Jetzt haben wir das Ehegattensplitting in Österreich

zum Glück nicht, aber auch da gibt es viele Dinge, die bei mir einen bitteren Nachgeschmack hinterlassen. Man verpflichtet sich zum Beispiel, gemeinsam zu wohnen – ich liebe es, allein zu leben, und viele andere tun das auch, daher finde ich diese Regelung nicht zeitgemäß. Schließlich gibt es einige Paare, die in getrennten Wohnungen leben und damit glücklicher sind – wieso sollen die durch eine Heirat gezwungen werden, nun doch auf engem Raum zusammenzuleben, wenn es ihrem Charakter nicht entspricht? Außerdem verpflichtet man sich zur Treue und auch, wenn ich das verstehen kann, sage ich als Person, die Polyamorie feiert: aaaaaltmodisch!

Im Fall einer Trennung muss der besser verdienende Part dem geringer verdienenden Unterhalt zahlen – und das womöglich ein Leben lang, es sei denn, die andere Person findet eine neue Partnerschaft oder einen Job, in dem sie adäquat verdient. Und ja, ich sehe das grundsätzlich ein und ich hätte auch nichts dagegen, meine Partnerin oder meinen Partner nach einer Trennung zu unterstützen, wenn wir im Guten auseinandergegangen sind. Und ich finde es durchaus sinnvoll, dass die Ehepartnerin (ich gendere aufgrund der eindeutigen statistischen Rollenverteilung mal absichtlich nicht) finanziell unterstützt werden soll, wenn sie sich um Haushalt und Kinder gekümmert hat und dem Mann den Rücken freigehalten hat, damit er arbeiten gehen und eine Beförderung nach der anderen einsacken kann. (Darauf besteht in Österreich übrigens auch während der Ehe Anspruch, nicht nur danach, also das gerne auch mal einfordern!) Aber ich finde, »für immer« ist eine große Phrase. Vor allem, wenn eine Beziehung nicht gut zu Ende gegangen ist, würde ich diesen Unterhalt nur mit dem größten Zähneknirschen bis an mein Lebensende jeden Monat überweisen wollen. Ich kann schon verstehen, dass manche Menschen nach einer Scheidung ihren eigenen Tod vortäuschen.

Natürlich hat so eine Ehe auch ihre Vorteile, beispielsweise hat man in Österreich potenziell Anspruch auf Witwenrente, sollte der*die Partner*in sterben. Außerdem gibt es einen Rabatt auf die Grunderwerbssteuer und man hat es leichter, wenn der geliebte Mensch im Krankenhaus auf der Intensivstation liegt und man ihn sehen möchte. Wenn Kinder im Spiel sind, kann eine Ehe der Eltern auch noch mal Erleichterung und zusätzliche Absicherung bringen. Hier muss jeder Mensch für sich selbst entscheiden, ob die Vorteile die Nachteile aufwiegen.

Aber sprechen wir doch mal nicht übers Heiraten, sondern über Hochzeiten, denn hier gibt es ein paar Dinge, die mir als feministischer Frau echt übel aufstoßen. Vorab: Ich verurteile niemanden, der diese Dinge getan hat, und möchte auch niemanden deshalb als antifeministisch bezeichnen. Ich finde auch, dass nicht alles, was man tut, ein feministischer Akt sein muss. Keineswegs. Ich finde nur, dass man gewisse Dinge hinterfragen und sie auch mal in einen historischen Kontext setzen darf, und genau das werde ich jetzt mit »schönen alten Hochzeitstraditionen« tun.

Beginnen wir mal mit dem Outfit der Braut, genauer

gesagt mit dem Schleier. Einen Schleier trug die Braut bei arrangierten Ehen vor allem deshalb, damit der Bräutigam am Altar keinen Rückzieher machen konnte. Daher kommt übrigens auch die »Der-Bräutigam-darf-die-Braut-vor-der-Hochzeit-nicht-sehen«-Tradition. Ein weiterer Vorteil des Schleiers war, dass man die Tränen der Braut nicht sehen konnte – und wir sprechen hier nicht von Freudentränen, sondern von Tränen der Angst, weil sie nach dieser Trauung ihr Leben lang vergewaltigt werden würde.

Das weiße Kleid sollte »Reinheit« symbolisieren, also dass die Braut noch Jungfrau ist. Was, wie ich finde, noch nie jemanden zu interessieren hatte außer die Frau selbst.

Vor der Trauung geht's aber erst mal damit los, dass der Papa die Braut an den Altar führt und sie dann dem Ehemann übergibt. Eine »süße« Tradition, auf die viele Bräute nicht verzichten wollen. Ich habe sogar schon von Frauen gehört, die ihr Leben lang ein schlechtes Verhältnis zu ihren Vätern hatten, aber sich extra für diesen Tag und diesen Moment mit ihnen versöhnen wollten, weil »das ist sonst schließlich voll traurig, wenn ich da allein reingehe«. Wenn man sich mit seinem Vater versöhnen will, damit man keinen Streit mehr hat und die Beziehung nicht mehr vergiftet ist und man somit etwas für den eigenen Seelenfrieden tut, kann ich das ja nachvollziehen – aber nur für diesen einen Moment bei einer Hochzeit, der seinen grausamen Hintergrund in der weiblichen Unterdrückung hat? Ich weiß ja nicht ... Mal ehrlich: Wie schlimm ist es wirklich, allein zum Altar zu schreiten? Für mich sagt es aus: »Hey, ich bin ein eigenständiger Mensch. Ich gehe hier allein rein, weil der Gedanke, dass ich vom Besitz meines Vaters in den Besitz meines Zukünftigen übergeben werde, patriarchale Kackscheiße ist, die in einer modernen Welt nichts verloren hat und ich niemandes Besitz bin. Und jetzt spielt *Ich gehör nur mir* aus dem Musical *Elisabeth* für mich, meine süßen Orgel-Boys.« Oder wenn man nicht allein zum Altar gehen mag, wieso denn nicht mit den besten Freundinnen, mit seinem Hund oder, ganz absurde Vorstellung, Hand in Hand mit dem Zukünftigen, als gleichberechtigtes Paar?

Bleiben wir gleich mal bei der Familie: Blumenkinder sind – für die meisten – ja ganz süß. Aber wusstest du, dass die Blütenblätter nichts weiter symbolisieren, als dass die Frau den Nachwuchs des Mannes sichern sollte? Für etwas anderes waren Frauen früher nämlich nicht zu gebrauchen.

Übrigens ist es das oberste Lebensziel jeder Frau zu heiraten (ja, das war Ironie), deshalb müssen sich auch alle Singleladys versammeln, um den Brautstrauß zu fangen. Singlefrauenshaming at its best.

Als Zeichen der Zusammengehörigkeit ist es für viele noch immer selbstverständlich, dass nach der Hochzeit beide den Nachnamen des Mannes tragen. Und auch hier möchte ich ein Machtwort sprechen. Leute, wir könnten hässliche Nachnamen für immer ausrotten, wenn wir uns bei Eheschließungen immer auf den schöneren einigen würden! Niemand müsste in Zukunft mehr »Wolf-schwenger« oder »Scheißner« heißen. Lasst uns der Gesellschaft doch diesen einen guten Dienst erweisen (und uns selber auch!), ich bitte euch! Und nein, es kann kein »Zufall« sein, dass der Nachname des Mannes in den meisten Fällen »halt einfach schöner« ist – nur sechs Prozent der Männer nehmen den Namen ihrer Frau an! Kein Wunder, da diese traurige Minderheit dann meistens noch von ihren altmodischen Familien dafür geshamed wird, auch daran müssen wir als Gesellschaft arbeiten. Daran und daran, dass man Menschen, die einfach beide ihren Nachnamen bei einer Hochzeit behalten, dennoch als Familie und als Ehepaar anerkennen sollte.

Ganz brutal wird es auf der Party nach der Trauung, wenn die Braut plötzlich weg ist. Brautentführung, wuhu! Was heute ein Grund zum Feiern ist, weil die Braut hier die Gelegenheit hat, sich hemmungslos zu be-saufen, war im Mittelalter nicht ganz so spaßig. Dort war nämlich der Gutsherr der »Eigentümer« seiner Un-tergebenen und wenn zwei ihm unterstehende Personen heirateten, durfte er vom »Recht der ersten Nacht« Ge-brauch machen. Sprich, er durfte die Braut auf der Hoch-zeit entführen und vergewaltigen. Und man hat wahr-scheinlich mehr Mitgefühl mit dem Bräutigam gehabt als mit der Braut, weil seine Frau dann »unrein« war.

Ich glaube, wir sollten uns an dieser Stelle mal einen Augenblick nehmen, um durchzuatmen.

Wer diese Traditionen jetzt mit dem Wissen um ihre historischen Hintergründe immer noch cool findet, soll sie bitte nach wie vor feiern – wer bin ich denn, hier irgendeinem Menschen zu diktieren, wie er seine Hochzeit zu feiern hat. Das Wichtigste ist doch, dass der Tag für das Brautpaar super wird.

Aber falls du gerade kurz vor deiner Hochzeit stehst und dir beim Lesen des obigen Absatzes dann doch etwas unwohl dabei wurde, diese alten Traditionen zu reproduzieren, dann schaff doch vielleicht einfach eigene Traditionen oder ändere die bestehenden zumindest ein bisschen ab:

Vielleicht fängst du ja schon mal damit an, dass du deinem Partner den Antrag machst, weil es ja eigentlich egal sein sollte. Möglicherweise schreitet ihr als Paar zum Altar und geht vielleicht sogar vorher schon zusammen Brautkleid und Anzug shoppen. Vielleicht findest du weiße Kleider eh unpraktisch und magst lieber in deiner Lieblingsfarbe heiraten und statt einem Kleid einen Jumpsuit oder Hosenanzug tragen, wenn du die lieber magst? Vielleicht wollt ihr es einem lieben befreundeten Hochzeitspaar von mir nachmachen und den Bräutigam den Brautstrauß in die Männermenge werfen lassen, um die Geschlechterrollen hier lustig umzudrehen (was ich übrigens unglaublich cool fand!), oder den Brautstrauß einfach denen zuwerfen, die ihn unabhängig von ihrem Geschlecht schön finden und ihn deshalb haben wollen, ohne da großartig etwas hineinzuinterpretieren. Vielleicht schleicht ihr euch statt Brautentführung gemeinsam von eurer Hochzeit weg, um einen Vorgeschmack auf die Hochzeitsnacht zu bekommen, für die ihr zu späterer Stunde wahrscheinlich eh zu besoffen seid. Oder warum nicht auch mal vor Ort ein Hochzeitstattoo mit persönlicher Bedeutung stechen lassen, statt sich gegenseitig Ringe anzustecken, die nach außen hin »Ich bin im Besitz einer anderen Person« signalisieren? Es gibt so viele Möglichkeiten, Dinge mit Bedeutung zu tun, die nichts mit alten Unterdrückungsmechanismen gemein haben und mindestens genauso schön, wenn nicht noch viel schöner sind. Und wer weiß, vielleicht startet ihr mit eurer Hochzeit ja einen neuen Trend, um die Traditionen der Zukunft in Gang zu setzen, die für gleichberechtigte Partnerschaften stehen.

Mir persönlich gefällt übrigens auch der Gedanke an eine rein symbolische Hochzeit, bei der man ein Fest der Liebe feiert, das aber nicht in eine Ehe mündet. So etwas könnte ich als Heiratsgegnerin mir sogar für mich selbst vorstellen, denn das, was ich an Hochzeiten am coolsten finde, sind die schönen Kleider und die fette Party.

Warum kann man das nicht auch einfach so haben? Noch ein Vorteil daran: Niemand erwartet, »zum großen Tag« eingeladen zu werden, es ist ja schließlich »nur symbolisch« und man hat danach keinen rechtlich bindenden Schwur am Hals.

KAPITEL 8

Trash and the City

»Ich hatte vor der Sendung einen Dreier mit Diogo und noch einem Typen. Und ich wollte eigentlich, dass der andere Typ geht, aber er ging nicht«, vertraut Finnja, eine Teilnehmerin von *Are You The One – Realitystars in Love*, flüsternd einer Freundin an. Ihre Stimme ist brüchig, in ihren Augen schimmern Tränen. Das zu erzählen, fällt ihr sichtlich schwer – ob es deswegen ist, weil sie mit dem zweiten Dude eigentlich keinen Sex wollte, oder aus Angst, Eugen, ihrem Crush in der Sendung, davon zu erzählen? Letzteres ist absolut berechtigt, denn was tut Eugen, nachdem er von der Sache erfährt? Er bricht die aufkeimende Beziehung zu Finnja ab, denn »Mit so einer will ich nichts zu tun haben«. Spricht er und geht zu seinem Kumpel Diogo, um sich auszukotzen – ja, zu dem, der am selben sexuellen Akt beteiligt war wie die Frau, die er gerade wegen ebendieses Aktes verlassen hat. Er setzt sich zu ihm, macht sich ein Bier auf und stößt mit ihm an.

»Was zur Hölle?«, entfährt es mir, als ich diese Szene beobachte, obwohl niemand neben mir sitzt, der mir auf diese Frage eine Antwort geben könnte. Was genau passiert hier? Kennt Eugen noch einen anderen Diogo und denkt, Finnja hätte mit diesem geschlafen, bevor sie sich kennengelernt haben? Oder erleben wir gerade Sexismus von seiner hässlichsten Seite?

»Bei Männern ist das was anderes. Diogo ist mein Kumpel, dem kann ich nicht böse sein. Aber ich könnte nichts mit einer Frau haben, die was mit meinem Kumpel hatte, so verhält sich eine Frau nicht«, sagt Eugen in einem späteren Take. Jap, eindeutig Sexismus. Ich spüre, wie meine Wangen heiß werden und ich die Hände zu Fäusten balle. *Nicht schlagen, Julia, der Laptop war teuer und kann nichts dafür,* ermahne ich mich innerlich. Ich lasse die Fäuste also sinken. Trotzdem will ich in diese Szene springen und den Typen anschreien: »Das war, bevor ihr euch kennengelernt habt, du frauenfeindlicher Vollidiot!« Ich werde auch wütend auf RTL, dass sie so einem Menschen überhaupt eine Plattform bieten, wenn er sich so offen misogyn äußert. Denn ja, es ist frauenfeindlich, sauer auf eine Frau zu sein, weil sie weit vor eurer gemeinsamen Zeit mit einem Kumpel von dir geschlafen hat, und mit dem Kumpel genauso weiterzumachen wie bisher, weil »bei Männern ist das was anderes«. Die Situation ist keine andere, nur weil das zweite Chromosom ein anderes ist.

Wenn mein Boy vor meiner Zeit mit einer meiner Freundinnen geschlafen hätte, wäre mir das erst mal komplett egal, denn die beiden hätten sich dabei sicher nicht gedacht: »Jo, schlafen wir mal miteinander, um

Julia zu verletzen. Wir haben zwar noch keine Ahnung, wer Julia ist, aber hey, Vorsicht ist besser als Nachsicht.«

Abgesehen davon, wenn ich schon auf jemanden sauer sein wollte, dann doch wohl auf beide, oder? Ich würde mich niemals zu meiner Freundin setzen, mit der er geschlafen hat, und mich bei ihr über ihn auskotzen, weil er mit ihr was hatte. Schließlich waren sie beide am selben Akt gleichermaßen beteiligt. Bei der Eugen-Finnja-Diogo-Situation wäre ich an Eugens Stelle sogar eher sauer auf Diogo gewesen und hätte Finnja mehr Mitgefühl entgegengebracht, da sie offensichtlich mit dem Unbekannten, der an dem Dreier noch beteiligt war, keinen Sex haben wollte. Ich war nicht dabei und möchte daher nicht vorschnell über die Sache urteilen, aber für mich klingt die Erzählung nach sexueller Nötigung oder zumindest nach einer Situation, in der Finnja sich nicht sicher gefühlt hat, »Nein« zu dem Unbekannten zu sagen. Wenn meine Partnerin oder mein Partner mir von einer solchen Situation berichtet, frage ich doch zuallererst, ob mit ihm oder ihr alles in Ordnung ist.

Der Großteil dieser Szenen wurde übrigens im Nachhinein von RTL entfernt. Ich bin zwar ein großer Fan von gutem Trash, aber in einem solchen Fall hat es mich positiv überrascht, dass der Sender Verantwortungsbewusstsein über den potenziellen Unterhaltungswert gestellt hat.

Oft sind Menschen, die mich nur von feministischen Videos auf Instagram kennen, schockiert, wenn sie erfahren, dass ich RTL+ häufiger nutze als Netflix und Amazon Prime zusammen.

»Hä, Calvin von *Temptation Island*? Muss man den kennen?« – sagte Julia Brandner niemals. »Fernsehen is my life«, sagte einst Carina Spack in der *Bachelor*-Staffel aus 2018 und falls ich mir jemals einen tiefgründigen Spruch tätowieren lassen sollte, schließe ich nicht aus, dass es dieser wird. Jedes Mal, wenn es eine VIP-Version von gewissen Datingshowformaten gibt, kenne ich beschämend viele Menschen, die dort zu sehen sind.

»Das ist doch Salvatore, der war bei *Temptation Island* und *Ex on the Beach*, passt du denn gar nicht auf?« Fragen wie diese kannte der Boy nur zu gut. Am Anfang unserer Beziehung wollte ich mein Trashherz noch nicht so offen zeigen, das ist einfach so passiert. Ich habe *Love Island* geguckt, während er in der Küche stand, und er hat den Fehler gemacht, einmal seinen Kopf rauszustrecken und »Was läuft da jetzt zwischen Lena und Dennis?« zu sagen. Seitdem hat er sich mehr oder weniger freiwillig sämtliche deutsche Trashformate angeschaut. Entweder schlägt sein Herz insgeheim ebenfalls für Trash oder er muss mich wirklich sehr geliebt haben, denn er sagte immer zu allen möglichen Formaten »Ja«, die ich vorschlug.

Ich glaube, für ihn als Soziologen sind diese Formate auch gesellschaftspolitisch spannend. Je mehr Trash-TV man konsumiert (und vor allem, je mehr Social-Media-Kommentare man sich zu diesen Sendungen durchliest), umso klarer sieht man, dass wir auch in den 2020er-Jahren noch immer weit von einem modernen Geschlechterbild entfernt sind. Und der *Bachelor*, ein Format, das häufig als Paradebeispiel für Sexismus herangezogen wird, ist da echt noch das Harmloseste!

Apropos *Bachelor*. Es gibt ja auch ein weibliches Pendant dazu, nämlich die *Bachelorette* – das Format an sich benachteiligt also mal per se kein binäres Geschlecht, beziehungsweise werden sie zumindest beide gleichermaßen abgewertet. Wo sich hier allerdings wirklich eine latente Frauenfeindlichkeit zeigt, ist in der Art, wie diese Sendungen rezipiert werden. Die meisten Menschen, die ich kenne, schauen lieber den *Bachelor* als die *Bachelorette*. Dafür höre ich meist folgende Begründung: »Frauen sind einfach langweiliger.« Aha, spannend! Sind nicht bei der »langweiligeren« *Bachelorette* 24 Männer und nur eine Frau beteiligt und beim »spannenderen« *Bachelor* 24 Frauen und ein Mann? Denk mal drüber nach, Luisa.

Aber wie gesagt, der *Bachelor* und die *Bachelorette* sind für mich in puncto Frauenfeindlichkeit noch ziemlich harmlose Formate. Spannender wird es bei *Temptation Island*. Für diejenigen, die nicht so tief im Trashgame stecken: Bei *Temptation Island* geht es um vier Paare, die getrennt voneinander in zwei unterschiedlichen Villen Urlaub machen – die Männer mit heißen Singlefrauen und die Frauen mit heißen Singlemännern. Dabei bekommen sie immer wieder Bilder aus der jeweils anderen Villa zu sehen und in der Regel sind dann beide abgefuckt aufeinander und nicht jede Beziehung überlebt diese Sendung.

Bei *Temptation Island VIP* (also mit Z-Promipaaren, von denen ich zu meiner Schande alle gekannt habe) gab es eine Szene, die mir besonders negativ in Erinnerung geblieben ist: Meike, eine junge Frau, springt in ihrer Villa in den Pool – unter lautem Jubeln und oben ohne. Als ihr (mittlerweile Ex-)Freund Marcus und die anderen Jungs diese Bilder sehen, sind sie schockiert: Das kann sie doch nicht machen! So hat man sich als anständige Frau nicht zu zeigen!

Abgesehen davon, dass wir endlich mal alle aufhören sollten, uns so sehr an weiblichen Brüsten zu stören, und sich eine erwachsene Frau so nackt oder so angezogen zeigen kann, wie sie will, ist das Ironische an dieser Sendung: In derselben Folge sprang dann ein Mann komplett nackt in den Pool. Die Reaktion darauf? »Ist doch witzig!«

Bei einer Frau ist es also »unanständig«, sich oben ohne zu zeigen (was Männer beim Baden übrigens ständig tun), und wenn ein Mann komplett nackt in den Pool springt, ist es voll in Ordnung? Leute, wirklich. Wenn es für jemanden nicht in Ordnung sein sollte, nackt in den Pool zu springen, dann bitte für Männer. Habt ihr schon mal Hodensäcke gesehen? Brr.

KAPITEL 9

Ja, Jacqueline,
du bist Teil des Problems.

»Schau dir mal die Frau da drüben an«, sagt meine ehemalige Studienkollegin Jacqueline, als wir vor der Mensa sitzen, und nickt auffallend unauffällig in die Richtung einer Latina mit langem, schwarz glänzendem Haar, toller gebräunter Haut und langen Beinen, die in knappen Shorts stecken.

»Ja, was ist mit ihr?«, frage ich, obwohl ich mir schon denken kann, was los ist. Die Frau ist einfach hot as fuck. Wäre ich damals schon mit meiner Bisexualität im Reinen gewesen, hätte ich safe versucht, sie auf einen Kaffee einzuladen. Und wäre Jacqueline damals mit sich selbst im Reinen gewesen, hätte sie safe nicht folgenden Satz gesagt: »Ist doch eine blöde Sau, oder?«

»Ja, total«, brumme ich, weil ich das leider auch denke. Im Augenwinkel betrachte ich immer noch diese tolle Frau und versuche mir einzureden, dass ich sie gar nicht mal so schön finde und den Typen neben ihr sowieso viiiiiel hotter (was nicht stimmt, aber wie gesagt, mit sich selbst ins Reine kommen ist ein Prozess).

»Die hat sicher Cellulite«, sage ich, weil es echt unverschämt ist, wie gut sie aussieht.

»Oder ist hohl wie Brot«, schnaubt Jacqueline. »Sonst ist das echt verachtenswert, so auszusehen. Blöde Kuh. Ich hasse sie.«

»Ich auch!«, stimme ich zu und wir stoßen mit unserer Cola light an.

Mit der »blöden Kuh« namens Raquél, wie ich später rausfand, hatte ich im nächsten Semester ein Seminar. Sie war weder blöd noch hohl noch hatte sie Cellulite – ich gebe zu, für Letzteres hasse ich sie immer noch ein bisschen. Ich erzählte Jacqueline, dass sie eigentlich sogar wirklich nett war. Die schnaubte nur und meinte: »Klar. Wenn man so aussieht, kann man keinen guten Charakter haben, das geht nicht. Dann hat sie sicher unglaublichen Mundgeruch. Komm schon, irgendwo muss es doch Gerechtigkeit geben, die Frau muss irgendeinen Makel haben!«

Tja. Ich hatte noch ein weiteres Seminar mit Raquél. Der einzige Makel, den ich an ihr gefunden habe, war, dass sie leider stockhetero war.

Wenn ich so an diese Situation zurückdenke, bin ich vor allem froh, dass ich mittlerweile nicht mehr so verbissen nach Makeln an anderen Frauen suchen muss, damit ich sie hassen kann, um mich selbst besser zu fühlen. Ich habe lange meine eigenen Unzulänglichkeiten mit Gedanken wie »Sie sieht gut aus, also ist sie eine dumme Sau« kompensiert – und manchmal ertappe ich mich noch immer bei solchen Gedanken. Und genau das ist leider ein großer Teil des Problems. Wie sollen Männer Feminismus gutheißen und Frauen besser behandeln, wenn wir es nicht mal geschlechtsintern schaffen, uns gegenseitig Respekt entgegenzubringen?

Ich möchte an dieser Stelle mit einem hartnäckigen Vorurteil aufräumen. Feminismus bedeutet nicht: »Ihr Männer seid scheiße und wir Frauen sind so viel besser.« Ja, ich würde auch gern behaupten, dass ausschließlich Männer das Problem sind, aber dem ist nicht so.

Ich würde niemals behaupten, dass alle Männer Arschlöcher sind und alle Frauen Engel. Haben wir ja bei Jacqueline gesehen, die eine für sie fremde Frau so hart gehatet hat, nur weil sie gut aussah. Ja, Jacqueline, du bist ein Teil des Problems! Es wird immer Frauen geben, die »schöner«, »klüger«, »erfolgreicher« oder einfach »besser« sind als man selbst – warum nehmen wir diese Rockstars nicht als Inspiration, selbst noch cooler zu werden? Wir könnten so viele tolle weibliche Vorbilder haben, die uns zeigen, dass wir alles sein könnten, was wir wollen, wenn wir nur ein bisschen an uns arbeiten würden. Ich werde immer mehr Cellulite haben als Raquél, egal, wie viel Sport ich mache und wie oft ich mir noch Fett absaugen lasse, aber ich kann mir doch trotzdem ein Beispiel an ihrem hammermäßigen Selbstbewusstsein nehmen, wodurch man die nicht vorhandene Cellulite gar nicht so genau wahrnimmt, weil die Frau einen vorher schon mit ihrer Ausstrahlung umgehauen hat.

Wieso schauen wir nicht auf die Dinge, die wir an

anderen Frauen richtig cool und inspirierend finden, und geilen uns stattdessen an ihren vermeintlichen Makeln auf, um sie gedanklich kleinerzumachen? Wahrscheinlich mal wieder eine Frage des Selbstwertgefühls, aber auch unserer Sozialisierung, die zum Selbstwertgefühl ja auch nicht unwesentlich beiträgt. Ich bin mit dem Glaubenssatz aufgewachsen, dass Frauen andere Frauen nun mal hassen, weil sie ihnen die guten Männer »wegnehmen« – ach, wen wundert's, es geht also schon wieder mal um Dudes. Außerdem kriegt man, wenn man immer nur eine einzige erfolgreiche Frau unter vielen Männern sieht, das Gefühl, als wäre nicht genug Platz für alle da. Zu diesem Thema hat Carolin Kebekus ein super Buch mit dem Titel *Es kann nur eine geben* geschrieben. Und ich erlebe das auch in der Comedyszene so oft. Bei Mixshows wird meistens, wenn überhaupt, genau eine Frau eingeladen. Reicht dann auch wieder mit den Weibern. Alles, was darüber hinausgeht, ist entweder ein »Geschlechterbattle« oder ein »Ladies Special«. Tja, Frauen sind wohl die einzige Spezies, die es schafft, mit einem Gesamtbevölkerungsanteil von knapp über 50 Prozent als Minderheit zu gelten. Und wenn wir davon selbst auch noch überzeugt sind und versuchen, andere Frauen kleinzuhalten und niederzumachen und grundlos Fehler an ihnen zu suchen, obwohl sie uns nicht mal was getan haben, tragen wir dazu bei, dass das auch so bleibt. Das ist doch scheiße, Leute.

Ich habe in meiner gesamten Studienzeit und darüber hinaus noch viele zutiefst misogyne Frauen erlebt, nicht nur Jacqueline. Außerdem war ich acht Jahre lang auf einer Mädchenschule. Wer Mädchen und junge Frauen danach immer noch für Engel hält, sollte sich mal ärztlich durchchecken lassen. Es gab unzählige Fälle, in denen ich entweder Opfer oder Zeugin wurde, als Mädchen oder auch Lehrerinnen ihren Geschlechtsgenossinnen ohne Grund das Leben zur Hölle gemacht haben.

Einmal gab es beispielsweise eine Situation mit meiner ehemaligen Hauswirtschaftslehrerin. Wir sollten damals im Unterricht unsere BMIs ausrechnen und laut vorlesen. Wirklich eine super Übung für lauter 16-jährige, vom Schönheitswahn geplagte Mädels. Pädagogisch echt wertvoll! Und auch das Argument, dass wir die Formel lernen müssen, war komplett fürn Arsch, schließlich gab es damals schon haufenweise BMI-Rechner im Internet und sobald es für etwas einen Internetrechner gibt, sehe ich keinen Grund dafür, es selbst zu machen. Und meiner Ansicht nach hätten es eine fiktive Größe und ein fiktives Gewicht auch getan, um einfach nur die Formel zu lernen. Jedenfalls war ich damals der Schokolade deutlich mehr zugetan und dem Sport deutlich abgeneigter als heute und trug eine entsprechend größere Kleidergröße. Als ich meinen BMI vorlesen musste, was mir eh schon schwerfiel, weil er um drei Punkte höher war als der meiner Klassenkameradinnen, musterte mich die Lehrerin von oben bis unten und sagte: »Du lügst. Dein BMI ist höher.«

Jo, einfach mal einem Teenager durch die Blume sagen, dass er fett ist – cooler Move, Frau H.! Mittlerweile weiß ich, dass sämtliche Körperformen schön sein können, dass »dick« keine Beleidigung, sondern eine Zustandsbeschreibung ist und dass mein Wert nicht von meinem Gewicht abhängt, aber damals hat mich das in meinem Schlankheitswahn tief getroffen und ich habe sehr lang gebraucht, mich davon zu erholen. Nach der Stunde bin ich aufs Klo gerannt, habe mich dort eingesperrt und geweint, weil es so demütigend war, vor der Klasse als dicke Lügnerin hingestellt zu werden. Dann habe ich den restlichen Tag geschwänzt und bin nach Hause gegangen, um joggen zu gehen, weil ich dachte, ich müsse dringend abnehmen. Ich habe letztens ein altes Foto von mir aus dieser Zeit wieder gefunden und wollte wieder weinen, denn es hat mich wie ein Schlag getroffen: Mein Körper war damals nicht großartig anders, als er heute ist.

Wer glaubt, dass ich *jetzt* lüge, den muss ich enttäuschen. Ich habe diese Story einmal auf Instagram geteilt und drei ehemalige Klassenkameradinnen schrieben mir daraufhin, dass sie die Story bis heute nicht vergessen haben. Ich habe diese Geschichte im Nachhinein noch an meine ehemalige Schule und sogar an die betreffende Lehrerin selbst geschickt und bis heute keine Antwort erhalten.

Ein anderes Mal saß ich nach der Schule mit meiner Freundin Chrissi, mit der ich nach wie vor befreundet bin, an einer Bushaltestelle. Dort saß auch noch ein Mädchen aus der Parallelklasse, Helena, als mir das Pfefferspray, das ich damals immer bei mir trug, aus der Tasche fiel. Helena lachte boshaft auf, musterte mich von oben bis unten und sagte: »Wozu hast du denn ein Pfefferspray? Glaub mir, Julia, dich vergewaltigt keiner.«

Eine weitere Geschichte, die auch an dieser Schule passiert ist, traf nicht mich, sondern ein anderes Mädchen. Sie machte einen Suizidversuch, nachdem ihre Klassenkameradinnen die Schule mit Nacktfotos von ihr tapeziert hatten. Sie hat es zum Glück überlebt und ich hoffe von Herzen, dass es ihr heute gut geht und sie ihren Frieden damit machen konnte.

Warum ich diese deprimierenden Storys erzähle? Weil sie Beweise dafür sind, dass Frauen keineswegs nur liebe Engelchen sind. Frauen können brutal sein, gerade zu ihren Geschlechtsgenossinnen und auch zu sich selbst, woraus dann nicht selten wieder Hass gegen andere Frauen resultiert. Die Zeiten, in denen ich am brutalsten zu anderen Frauen war, waren die Zeiten, in denen ich selbst in den Spiegel geschaut und mich als fette Kuh bezeichnet habe.

Ganz ehrlich? Wenn mir eine Frau, die solche Erfahrungen machen musste, sagt, dass sie keine Feministin ist, kann ich es absolut verstehen.

Nach den acht Jahren an dieser Schule war ich erst mal eine komplette Antifeministin, weil ich mir dachte: Wenn alle Frauen so sind wie der Großteil meiner ehemaligen Schulkolleginnen, dann lasst diese Bitches niemals auch nur irgendwo in irgendeine noch so kleine Machtposition kommen. Nehmt ihnen am besten auch gleich noch das Wahlrecht ab und unterzieht sie einer

Zwangssterilisation, damit die keine Mini-Mes von sich in die Welt setzen. Brr.

Zum Glück habe ich mein Frauenbild seitdem gründlich überdacht und will jetzt keiner Frau mehr irgendwelche Rechte aberkennen (außer vielleicht Helena, der blöden Kuh, wenn die sich nicht vermehrt, wäre es schon besser für die Welt).

Im Gegenteil, heute macht es mich traurig, wenn ich merke, dass die eigene Weiblichkeit kein Ausschlusskriterium für Frauenfeindlichkeit ist. Mittlerweile sind wir doch alle weg vom Schulhof und sollten besser wissen, dass nicht die »andere Frau« die »Schlampe« ist, wenn dein Freund dich mit ihr betrügt, sondern vielleicht *er* ein Hundesohn ist, der dein Vertrauen missbraucht hat.

Jede Frau, die schon mal Make-up getragen hat, sollte doch selbst bezeugen können, dass sich direkt nach dem Auftragen ihre Fähigkeiten und ihr Wissen nicht drastisch reduziert haben. Warum trauen auch wir Frauen automatisch anderen Frauen weniger Skills in diversen Bereichen zu, wenn sie sich gut stylen und schminken, und stempeln sie als unfähige Tussi ab?

Ich möchte hier gerne die Unternehmerin Tijen Onaran zitieren, die ich sehr bewundere: »Lippenstift lässt das Hirn nicht schrumpfen.« Fuck, yes, recht hat sie!

Übrigens lässt es auch das Hirn nicht schrumpfen, wenn eine Frau tanzt. Während ich diese Sätze schreibe, geht nämlich gerade ein Video der finnischen Premierministerin Sanna Marin um die Welt, in dem sie beim

Tanzen mit Freundinnen auf einer privaten Party zu sehen ist – und natürlich ist das für viele Menschen (ja, darunter auch Frauen!) ein Skandal und macht sie ihres Amts unwürdig – »das gehört sich nicht für eine Frau in ihrer Position«.

Was? Dass sie auf einer privaten (!) Party tanzt und ihren Spaß hat? Leute, die Frau ist jung, sie macht ihren Job hervorragend und nur weil man ein politisches Amt bekleidet, heißt das nicht, dass man ab Amtsantritt nur noch müde lächeln darf. Und als ich mich darüber auf Instagram echauffierte, bekam ich folgende Nachricht, ich merke an, von einer Frau: »Na ja, dann hätte sie halt vorsichtiger sein müssen und allen Freunden vor der Party die Handys abnehmen müssen.« Bitte WAS? Eine Frau soll auf einer Party all ihren guten Freundinnen deren Handys abnehmen, nur damit sie nicht gefilmt wird, wie sie ... überhaupt nichts Illegales tut? Ich glaube, es hackt. Das Problem ist doch nicht, dass Sanna Marin nicht vorsichtig genug war oder dass sie auf einer Party mit Freundinnen gefeiert hat, sondern dass eine junge Regierungschefin nicht beim Tanzen gesehen werden kann, ohne dass ihr andere Menschen daraufhin ihre beruflichen Kompetenzen absprechen. DAS ist das eigentliche Problem, Saskia, und nun halt dich bitte zurück mit deinen Victim-Blaming-Sprüchen.

Wie abartig ich es finde, dass auch Frauen vor Abtreibungskliniken demonstrieren und andere Frauen als »Mörderinnen« bezeichnen, muss ich hier noch mal wiederholen. Sie könnten doch selbst ungewollt schwanger werden und sich aus verschiedenen Gründen, die niemanden etwas angehen, vielleicht dagegen entscheiden, das Kind zu bekommen.

Da fällt mir gleich noch eine kleine Schulanekdote ein: Ich habe in Religion mal eine Fünf bekommen, weil ich einen Text über pränatale Diagnostik geschrieben habe und meinte, wenn man schwanger sei und sich herausstelle, dass das Kind aufgrund körperlicher Einschränkungen nicht lebensfähig sein würde, könne man sich noch für eine Abtreibung entscheiden. Meine Lehrerin fand das gar nicht cool. Sie sagte, in der katholischen Kirche sei jedes Kind und jedes Leben wertvoll und ich solle den letzten Satz löschen, wenn ich keine Fünf bekommen wolle. Ich brachte es nicht über mich, das Leben des Kindes über das der Mutter zu stellen, und weigerte mich. Meine Mama kam dann in die Schule, beschwerte sich und die Lehrerin musste meine Fünf zurücknehmen. Und ich bin sofort nach meiner Schulzeit aus der Kirche ausgetreten.

Auch gibt es immer noch Frauen, die anderen Frauen, wenn sie öffentlich machen, dass sie sexualisierte Gewalt erfahren haben, Vorwürfe machen. »Warum kommt sie denn erst jetzt damit an?«, fragen sie, wenn die Vorwürfe schon eine Zeit lang zurückliegen. »Wie kann sie sich jetzt schon dazu äußern, wenn sie doch so schwer traumatisiert ist?«, schreiben dieselben Leute, wenn die Opfer sich zeitnah zu Wort melden.

»So wie die sich anzieht, wollte sie das doch bestimmt so« ist ebenfalls ein Satz, der in diesem Zusammenhang häufig fällt. »Also, mir würde das niemals passieren, ich bin vorsichtig und gehe nicht mit jedem Idioten mit.«

Doch, Lisa, es könnte dir alles ganz genauso passieren, egal, wie vorsichtig du bist und wie »ordentlich« du dich anziehst. Es kann dir sogar mit deinem eigenen Partner, dessen Strafakte du penibel auf Vorstrafen gecheckt hast, nach einem Jahr glücklicher Beziehung passieren, dass er über deine Grenzen geht. Willst du dann hören, dass »du es doch so wolltest«, oder willst du ernst genommen werden? Das Einzige, was dich von Menschen, die sexualisierte Gewalt erlebt haben, unterscheidet, ist Glück. Also behandle bitte auch andere mit Respekt.

KAPITEL 10

Deine Altersvorsorge heißt Kevin??

»Schau, das sind meine ETF-Sparpläne. Ich habe einen nachhaltigen MSCI World, einen DAX und einen MSCI Emerging Markets. Aktuell habe ich fast 20 Prozent Rendite.«

Ich halte mein Smartphone unter die Nase meiner Freundin Carina. Sie nimmt es mir aus der Hand, vorsichtig und zögerlich, als hätte ich ihr einen neugeborenen Welpen anvertraut. Nicht ganz abwegig, schließlich ist mein Smartphone für mich wertvoller als der Großteil meiner Verwandtschaft. Carina zieht fast unmerklich eine Augenbraue hoch und drückt mir das Handy zurück in die Hand.

»Also, ich weiß ja nicht, ich glaube, da traue ich mich nicht ran«, sagt sie.

»ETF-Sparpläne zählen zu den sichersten Anlageformen, gerade für Menschen, die sich nicht so viel damit beschäftigen wollen. Glaub mir, es ist easy, ich habe mir das selber beigebracht.«

»Ich bewundere dich, dass du dich traust, an die Börse zu gehen«, sagt sie. »Ich hätte da viel zu viel Angst.«

»Die einzige Möglichkeit, wie du mit ETFs Verluste machen kannst, ist, wenn du bei fallenden Kursen ganz panisch verkaufst und das nicht aussitzt. Oder wenn alle großen Firmen dieser Welt gleichzeitig bankrott gehen. Aber meistens ist es Ersteres.«

»Ich hab da viel zu wenig Ahnung davon«, sagt Carina. Ich merke, dass sie das Gespräch beenden will, aber sie ist in einem mittelmäßig bezahlten Beruf unterwegs und will mindestens zwei Kinder kriegen. Und ich habe sie zu lieb, als dass ich zusehen möchte, wie sie in die Altersarmut rennt, also lasse ich nicht locker.

»Ich bring's dir gerne bei«, biete ich an. »Du solltest nicht dein ganzes Geld unverzinst am Konto lassen, mit der aktuellen Inflation verlierst du allein dadurch auf Dauer Geld. Wie sorgst du denn fürs Alter vor?«

»Das lass ich alles den Kevin machen.«

»Deine Altersvorsorge heißt Kevin???«

Ich verstand es nicht. Meine Freundin hatte Angst, selber in irgendwas zu investieren, aber nicht davor, ihre finanzielle Zukunft in die Hand eines Kevin zu legen?

So etwas kommt gerade bei Frauen häufig vor. Das sage nicht nur ich, das ist leider ein trauriger Fakt. Weiß ich, weil ich hin und wieder Vorträge in Banken oder auf Money Events halte – meist direkt vor irgendeinem Bankdirektor namens Herbert, der die Gleichstellungspolitik seiner Bank lobt und bei genauerer Nachfrage auf seine Kollegin verweist, weil er selbst keine Ahnung hat, was deren Aufgabe ist.

Zum Thema finanzieller Gleichstellung gehört auch,

dass Frauen ihre Finanzen selbst in die Hand nehmen. Das passiert noch immer viel zu selten. Sieht man ja bei meiner Freundin Carina: Frauen trauen sich meistens nicht, an der Börse zu spekulieren, spekulieren aber gleichzeitig darauf, dass ihr Partner schon das richtige Händchen haben wird. Eine der obersten Regeln bei Investments: diversifizieren und breit streuen. Wenn eine Sache in den Arsch geht, hat man noch ein paar weitere, die den Verlust auffangen können. Wenn du dein ganzes Geld Kevin anvertraust ... weißt eh, was ich sagen will.

Aus irgendeinem Grund scheinen viele Frauen aber noch zu denken, dass Männer einen besseren Zugang zum Finanzmarkt haben als sie. Als bräuchte man einen Penis, um auf dem Smartphone einen ETF-Sparplan anzulegen. (Ich hoffe, du stellst dir auch gerade vor, wie jemand mit seinem Penis auf seinem Handy herumtippt. Wenn du es dir bis jetzt noch nicht vorgestellt hast, wünsche ich dir nun viel Spaß mit deinem Kopfkino.)

Eins der wenigen Dinge, die ich mir aus meinem Wirtschaftsstudium tatsächlich gemerkt habe, ist die Affenstudie. In dieser Studie drückte man Affen Dartpfeile in die Hand, die sie auf Zettel werfen sollten, auf denen verschiedene Aktien vermerkt waren. Aus den Aktien, die sie trafen, wurde ein Portfolio zusammengestellt. Die Portfolios der Affen performten besser als die von Topmanagern sorgfältig zusammengestellten. Was lernen wir also daraus? Spoiler: Nein, wir lernen nicht, dass Kevin dann schon recht haben wird, wenn er einfach irgendwo wahllos Geld reinstopft. Versteh mich nicht falsch, ich will keinem Kevin dieser Welt was unterstellen. Sicher gibt es auch Kevins, die supergut Geld anlegen können und damit teilweise auch richtig reich geworden sind. Aber falls du deinen ganz persönlichen Kevin für einen Topmanager hältst: Schnapp dir mal drei oder vier Dartpfeile, wirf sie auf ein paar Aktien und sei mutig. Erstell dir zumindest mal ein Konto bei einem Broker deiner Wahl. (Wenn du dich für denselben entscheidest wie ich, braucht es eh einen Monat, bis dir der Brief, den du zur Kontoaktivierung brauchst, zugeschickt wird. In der Zeit kannst du ein paar Bücher zum Thema Investieren lesen, Podcasts hören oder YouTube-Videos anschauen.) Es ist ein Aufwand von ein paar Stunden, der sich für immer lohnen kann.

Wie gesagt, ich möchte nicht behaupten, dass dein Kevin, Stefan, Günther oder wie auch immer er heißt, nicht ein super Händchen beim Investieren hat und du das selbst auf jeden Fall besser kannst. Aber: Wenn dein Freund dein ganzes Geld verwaltet, wie regelt ihr das im Falle einer Trennung? Hast du auf dem Schirm, wie viel Geld dir dann zusteht, wenn alles über ihn läuft? Und weißt du, ob Kevin mit seinen Investitionen vielleicht die US-Waffenindustrie unterstützt, obwohl du selbst eine totale Gegnerin davon bist? Oder ob er Nestlé-Aktien hält, obwohl du das Unternehmen seit Jahren boykottierst? Ob er irgendwelche Mikrokredite an eine Person in Staaten mit höheren Kreditzinsen als bei uns vergibt, die dann einen Menschenhändlerring damit aufbaut? Das sind jetzt natürlich Extrembeispiele, aber es lohnt sich bei allen Anlageformen, genau hinzuschauen, worin man investiert. Und das kann man nun mal am besten, indem man die Sache selbst in die Hand nimmt. Oder gibst du ihm gar nicht mal Geld zum Investieren, sondern er investiert nur sein eigenes Vermögen »für euch beide« und du siehst im Fall einer Trennung nichts davon?

Ich will dir nicht sagen, was du tun sollst, und ich will auch nicht den Teufel an die Wand malen und dir sagen, dass ihr euch auf jeden Fall trennen werdet, auch wenn die Scheidungsrate euch höchstens eine Fifty-fifty-Chance gibt. Ich habe auch schon ein paar böse Nachrichten auf Instagram bekommen, in denen mir Menschen vorgehalten haben, dass ich andere nicht zum Investieren animieren, sondern endlich ein bedingungsloses Grundeinkommen ermöglichen sollte. Es ehrt mich, dass mir viele Leute offenbar solche göttlichen Fähigkeiten zutrauen und denken, ich könnte unsere verstaubte Politik dazu bringen, irgendwas Progressives zu machen. Aber das ist romantischer und weltfremder als jeder Rosamunde-Pilcher-Film. Ja, ich fände es auch schön, wenn sich der Staat drum kümmern würde, dass jeder Mensch in Würde und mit genug Geld altern kann. Aber ich halte es mit Finanzen wie mit sexueller Befriedigung: Wenn man will, dass was dabei rumkommt, ist es meistens besser, selbst Hand anzulegen.

KAPITEL 11

Warum stellt man Männer ein?

»Ich kann dir 1500 Euro anbieten«, sagt meine Chefin in unserem Zoom-Call. Diese Aussage trifft mich unerwartet. Sie hat mich nicht drauf vorbereitet, dass wir heute Gehaltsverhandlungen für meine Stundenaufstockung führen würden. Und 1500 Euro klingt für mich absolut nicht nach dem, was ich mir vorgestellt habe. Hatte sie nicht vorher noch gemeint, sie würde mir einen Managerposten geben wollen?

»Brutto oder netto?«, frage ich, obwohl ich die Antwort schon kenne. Aber den letzten Funken Hoffnung lasse ich mir nicht nehmen.

»Brutto.«

Da verpufft er, der letzte Funke.

»Das sind 1200 Euro netto«, setzt sie hinzu, bevor ich das Ganze selbst in den Brutto-netto-Rechner, den ich parallel geöffnet habe, eintippen kann. »Das ist auf Basis deiner Erfahrung und deiner Ausbildung so berechnet.«

Bin ich wirklich so wenig Geld wert? Habe ich meinen Job die letzten zwei Jahre nicht gut gemacht? Hat sie mir immer eine alternative Wahrheit erzählt, wenn sie mich für meine Arbeit gelobt hat? Bin ich echt so schlecht?

»1200 Euro Nettogehalt sind schon ziemlich wenig«, versuche ich zu verhandeln. »Davon kann kein Mensch vernünftig leben.«

»Wir haben einen Kollektivvertrag und da haben wir keinen Spielraum für mehr«, sagt meine Chefin mit einer Stimme, die keinen Widerspruch zulässt. »Du weißt ja gar nicht, mit welchen Kosten es verbunden ist, Mitarbeiterinnen einzustellen. Da kommen so viele Abgaben und Steuern auf mich zu, das muss ich auch erst mal verdienen.«

»Fick dich mit deinem Kollektivvertrag und deinen Abgaben, wenn du dir einen Tesla kaufen kannst! Ich habe einen Masterabschluss, fünf Jahre Berufserfahrung und stand dir zwei Jahre immer treu zur Seite. Dieses Gehalt ist keine Wertschätzung, dieses Gehalt ist ein Witz. Du willst eine Managerin? Dann bezahl keine Praktikantin. Für 1200 Euro netto arbeite ich nicht für dich. Bezahl mich ordentlich oder such dir jemand anderen, den du abzocken kannst.«

Das hätte ich im Nachhinein gerne gesagt. Gesagt habe ich aber leider: »Okay, dann kann man da wohl nichts machen.« Und habe den Job mit der beschissenen Bezahlung angenommen.

Ich bin nicht stolz drauf. Meine Wangen sind rot vor Scham, während ich diese Zeilen schreibe. Ich habe immer noch Wut im Bauch, wenn ich an diese Situation zurückdenke, in der ich mich so kleinmachen ließ. In der ich nicht mal Bedenkzeit verlangte, um mich zu sammeln. In der ich so verunsichert war, dass ich dachte, keine Wahl zu haben, obwohl ich nicht auf diesen Job angewiesen war und mit Leichtigkeit etwas Neues, besser Bezahltes gefunden hätte.

Nach fünf Monaten kündigte ich und merkte an, dass es unter anderem wegen des Gehalts war.

»Warum hast du denn nichts gesagt? Wir hätten doch eine Lösung gefunden«, hieß es dann.

»Ich habe bei der Gehaltsverhandlung gesagt, dass ich es zu wenig finde, und du meintest, es gebe keinen Spielraum.«

»Das ist ein Standardsatz bei Verhandlungen, es gibt immer Spielraum. Aber du musst halt lernen, dich durchzusetzen. Mir hat auch niemand was geschenkt in bisherigen Jobs, gerade Frauen müssen halt noch härter kämpfen.«

War ich also wirklich die Bestätigung für die Behauptung »Frauen können nicht verhandeln«, die gerade Männer gerne vorbringen, wenn es um den Gender-Pay-Gap geht? War ich mit dafür verantwortlich, dass sich der bereinigte Gender-Pay-Gap noch immer halten konnte? Verlangte ich zu viel, wenn ich mir von meiner Exchefin ein bisschen Wertschätzung gewünscht hätte? War ich zu naiv gewesen?

Ich denke auch heute, mit über zwei Jahren Abstand, noch häufig an diese Situation zurück und komme immer zum selben Ergebnis: Ja, ich hätte härter sein müssen. Schon allein, damit ich mich selbst besser fühlen würde, wenn ich daran zurückdenke. Ich müsste mir nicht eingestehen, dass ich doch deutlich weniger bad ass bin, als ich mich fühle, wenn ich mit einem Assi-Deutschrapsong auf den Ohren nachts durch mein sicheres Viertel laufe, als wäre ich der gesamte Abou-Chaker-Clan in einer Person.

Doch hier kommt das große Aber: Von einer Chefin darf man sich doch wohl einen wertschätzenden und ehrlichen Umgang erwarten, vor allem, wenn man ihr schon zwei Jahre treu zur Seite gestanden hat. Ihre Argumentation erinnerte mich an die von Eltern, die als Kind geschlagen wurden und das als Ausrede benutzen, um nun auch ihre Kinder zu verdreschen, anstatt es bei ihnen besser zu machen. »Mir hat das ja auch nicht geschadet!« (Doch, Claudia, offenbar hat es das.) Dafür hatte ich noch nie Verständnis.

Mittlerweile habe ich aber meinen Frieden mit dieser Erfahrung gemacht und wir kommen persönlich auch wieder gut miteinander zurecht, ganz ohne böses Blut. Für mich war es ein gutes Learning. Ich weiß nun, dass ich die schlimmste Angestellte bin, wenn ich nicht gut bezahlt werde, und ich habe nach meiner Kündigung besser verdient als je zuvor, weil ich danach wusste, wie wichtig mir Geld ist, und ich mich nicht mehr mit weniger zufriedengegeben habe, als ich tatsächlich haben wollte.

Woher das Klischee kommt, dass Frauen »halt nicht verhandeln können«, weiß ich mittlerweile durch einen Vortrag, den ich in einer Bank halten durfte. Es gibt Studien, die belegen, dass Männer eher dazu neigen, ihre Fähigkeiten zu überschätzen, während Frauen dazu neigen, sich zu unterschätzen. Das äußert sich dann zum Beispiel so, dass ein Jürgen bei einem Vorstellungsgespräch denkt: »Gut, ich habe zwar keine Erfahrung im Sales-Bereich, aber ich hab mal im Winter-Sale eingekauft, das muss reichen. Ich verlange mal 60 000 Euro als Jahreseinstiegsgehalt.«

Wohingegen eine Kathrin wahrscheinlich sagen wird: »Ich habe zwar zehn Jahre Erfahrung im Sales-Bereich, aber nur bei Versicherungen und nicht bei Finance. Das ist jetzt nicht zu 100 Prozent mein Fachbereich, ich muss mich da erst mal reinfuchsen. Mit 40k wäre ich gut bedient.«

Da stellt sich mir die Frage: Wenn man diese Statistiken als Personaler*in doch kennt – wieso ist man dann weiterhin so blöd, einen Mann einzustellen? Man kriegt weniger, als man versprochen bekommen hat, und zahlt dafür auch noch drauf.

Was glaubst du, wie die Blicke des Bankdirektors ausgesehen haben, als ich diesen Satz ganz genau so vorgetragen habe?

Ich meine, ich verstehe es ja irgendwo. Es ist ähnlich wie beim Dating: Ich finde Menschen, die sich selbstbewusst präsentieren, auch anziehender als solche, die meinen: »Ich habe leider nicht so viel Erfahrung, kann sein, dass es für dich nicht allzu gut wird, schon mal sorry vorab.«

Obwohl der Mensch mit wenig Erfahrung sich sicher

mehr Mühe gegeben hätte als der Dude, der sich selbst für Christian Grey hielt und der Meinung war, er müsse eine Frau nur mal eben am Arm berühren, damit sie multiple Orgasmen bekommt. (Und danach wahrscheinlich solche Dinge gesagt hätte wie: »Also *normalerweise* passiert mir das nicht.« Wo du dann genau weißt: Normalerweise passiert ihm genau das.)

Doch auch, wenn ich es irgendwo verstehen kann, macht es mich immer noch wütend, wenn Menschen sagen, Frauen seien selbst schuld, wenn sie für die gleiche Arbeit weniger verdienen als Männer. Erstens gibt es die Heidi-Howard-Studien, die gezeigt haben, dass Frauen mit gleicher Qualifikation unsympathischer und inkompetenter wirken als Männer. Zweitens gibt es das Peter-Paula-Prinzip, das besagt, dass Männer eher in die Inkompetenz befördert und Frauen beruflich eher unter ihren Möglichkeiten gehalten werden. Drittens ist es noch nicht in der Gesellschaft – und offenbar auch nicht in den Personalabteilungen – angekommen, dass auch Männer sich hin und wieder mal um ihre eigenen Kinder kümmern könnten. Fragt man eine Person, die ein Unternehmen führt, warum sie lieber Männer einstellt oder ihnen mehr zahlt, kommt so ziemlich immer der Satz: »Na ja, Frauen können ja Kinder bekommen.«

Ja, die meisten Frauen (nicht alle!) können Kinder bekommen. Ist leider nicht zu ändern. Wir haben jetzt drei Möglichkeiten: Entweder wir machen so weiter wie bisher (was kacke ist) oder wir lassen die Welt aussterben (was für die Umwelt sicher gut, für die meisten Menschen aber eher traurig wäre) oder wir kommen mal im 21. Jahrhundert an und verpflichten endlich Väter, sich ebenfalls um ihre Kinder zu kümmern, damit die Last nicht allein auf den Schultern der Frau liegt. Wenn es normal wird, dass Väter ausfallen, sobald sie Kinder kriegen, könnte sich die Situation für Frauen im Berufsleben massiv verbessern, weil dann dieses Argument von wegen »die wird mir eh ausfallen und ich muss dann wen Neuen anlernen, blabla« wegfällt. In skandinavischen Ländern wie Island oder Schweden ist ein solches Modell bereits Realität. Und wozu hat es geführt? Richtig, zu weniger Verdienstausfällen und geringerem Risiko für Altersarmut bei Frauen sowie einem kleineren Gender-Pay-Gap. Außerdem finden Väter viel mehr im Leben ihrer Kinder statt, wodurch die klassischen »Daddy Issues« (die übrigens hierzulande auf die Frau geschoben werden und nicht auf den Vater, der sie vernachlässigt hat) weniger werden und alle insgesamt zufriedener wurden. Surprise, surprise! Außerdem finde ich, dass Elternschaft als Diskriminierungsmerkmal ins Antidiskriminierungsgesetz aufgenommen werden sollte, denn Mütter müssen 30 Prozent mehr Bewerbungen schreiben als kinderlose Frauen, werden eher in Teilzeit geschickt und mit einem geringeren Gehalt abgespeist (während Väter meist eine Gehaltserhöhung bekommen, by the way). Ich finde, das ist eine Frechheit und dagegen sollte man eine rechtliche Handhabe bekommen.

Ich weiß, in einem Land wie Österreich, in dem wir leider Stand jetzt noch eine Frauenministerin haben, die sich selbst nicht als Feministin bezeichnet, weil sie »selbst nie Diskriminierung erlebt hat«, ist es eine Utopie. Aber man wird ja wohl noch träumen dürfen. Und vor allem darf man hierzulande wählen, also Augen auf und ab in die Wahlkabine!

KAPITEL 12

Unsere nächste Comedienne ist eine Frau!

»Es geht bei Comedy nicht ums Geschlecht. Wichtig ist, dass du auf der Bühne ablieferst und die Leute zum Lachen bringst. Dabei ist es egal, ob du ein Mann oder eine Frau oder irgendwas anderes bist. Es geht um Leistung und um nichts anderes als Leistung«, mansplainte mir ein Comedy-Kollege – nennen wir ihn Jonas –, nachdem ich einen Instagram-Beitrag gepostet hatte, in dem es um die ungleiche Behandlung von Frauen in der Comedy-Szene ging. Ich hörte nur mit halbem Ohr zu, wie immer, wenn er mir etwas erklärte. Aus irgendeinem mir unerfindlichen Grund hatte er immer das Bedürfnis, mir ungefragt mitzuteilen, dass ich ja noch ganz am Anfang meiner Comedy-Karriere stünde und dass ich dieses oder jenes Buch lesen sollte, damit meine Jokes besser würden.

»Steht da auch drin, wie man Jokes von anderen als seine eigenen verkauft?«, hatte ich ihn daraufhin einmal gefragt. Er hatte es nicht verstanden, aber die Comedians, die um uns herumstanden, sahen mich wahlweise entgeistert an oder verkniffen sich das Lachen. Jonas war in der Szene dafür bekannt, in seinem Leben noch keinen einzigen Joke selbst geschrieben zu haben. Auch mir hatte er einen meiner (laut seiner Aussage ja eigentlich ausbaufähigen) Jokes geklaut, an einem Abend, an dem ich im Publikum saß, und hatte einfach nur die Geschlechterrollen meines Witzes umgedreht. Dennoch sah er sich offenbar als eine Art Comedy-Papst und fühlte sich dazu berufen, gerade jungen Newcomerinnen (nein, ich habe hier kein Gendersternchen vergessen) zu erklären, wann sie bereit für ihr erstes Solo seien.

So zum Beispiel meiner Kollegin Ina Jovanovic, die ungefähr ein Jahr vor mir mit Comedy begonnen hat und bei der es seit kurzer Zeit steil bergauf geht. Zu Recht, Ina ist eine der lustigsten Frauen, die ich in Wien treffen durfte. An einem Abend, als wir zusammen auftraten, wirkte sie geknickt, obwohl sie davor einen fantastischen Auftritt hingelegt hatte. Wir standen gemeinsam vor der Location und rauchten.

»Und dann hat Jonas gemeint, nachdem ich im Fernsehen war, dass ich dafür noch nicht bereit gewesen sei. Er meinte auch, ich sei nicht bereit, mein erstes Solo zu spielen, ich sei ja erst so kurz dabei und ich sollte lieber erst mal fünf Jahre Stand-up machen und dann erst an ein Solo denken«, erzählte sie.

Sofort bekam ich Bauchschmerzen vor Wut. »Wer hat denn diesen erfolglosen Vollidioten zur Stand-up-Polizei ernannt?«, regte ich mich auf. »Nur weil er nach fünf Jahren noch kein einziges Solo hatte und nie im Fernsehen war, muss das bei dir doch nicht genauso sein. Du bist bereit, wenn du dich bereit fühlst, und nicht, wenn irgendein Jonas es dir sagt. Der Kerl hat noch nie in seinem Leben einen Joke selbst geschrieben, der soll erst mal an sich selbst arbeiten, bevor er dir etwas einredet. Ich glaube, der hat nur Angst vor dir, weil du jetzt schon weiter bist, als er es jemals sein wird.«

»Ja, und das musst du dir vorstellen«, echauffierte Ina sich nun endlich. »Ich hab' ja erzählt, dass ich gerne mal nach Berlin zu Open Mics gehen würde, und hab' ein paar Leute gefragt, ob sie mir da was empfehlen können. Ich habe ja zum Beispiel dich gefragt, Julia, du hast mir sofort eine ganze Liste an Shows geschickt und mir gesagt, worauf ich bei denen achten muss, und hast mir angeboten, den Veranstaltern zu schreiben, die du dort kennst. Jonas habe ich auch gefragt, und der meinte nur, ich sei noch nicht bereit, in Berlin aufzutreten.«

»Was?« Nun war ich baff. »In Berlin sind doch auch Menschen, die gerade erst mit Comedy anfangen. Was soll denn die Scheiße? Zu mir hat er damals gemeint, dass er es cool findet, dass ich auf so vielen verschiedenen Bühnen unterwegs bin, und ich habe ein Jahr nach dir angefangen.«

»Keine Ahnung.« Ina zuckte mit den Schultern und zog an ihrer Zigarette. In diesem kurzen Moment der Stille traf mich eine Erinnerung.

»Aber er hat Clemens mal gesagt, dass ich nicht bereit für Berlin sei.« Clemens war mein Co-Moderator bei meiner ehemaligen Show Chips&Comedy. Ich erinnere mich, wie er mir davon erzählt hat, dass er Jonas dann gesagt habe, dass ich meine Skills nun mal auf unterschiedlichen Bühnen schulen wolle, um mich schneller weiterzuentwickeln. Woraufhin ich ihm gesagt habe, dass das zwar lieb von ihm sei, aber er sich vor einem Jonas nicht für mich rechtfertigen müsse.

»Bitte was? Wieso erzählt er das Clemens und nicht dir? Und woher weißt du das?«

»Clemens und ich reden miteinander.«

»Okay, arg.«

»Vor allem, weil er mir vorn herum noch was ganz anderes erzählt hat.«

»Bei den Männern in dieser Szene musst du schon ganz genau aufpassen, wem du vertraust und wem nicht.«

»Da sagst du was.«

Dieses Ereignis spielte sich übrigens am Weltfrauentag 2022 ab. Für diesen Tag hatte die Veranstalterin eine rein weibliche Comedy-Show ins Leben gerufen. Normalerweise bin ich kein Fan von Ladies Specials, die auch als solche bezeichnet werden, aber weil Weltfrauentag war, fand ich es angemessen und sagte zu. Die Show war bombastisch, die Hütte war voll. Über 100 Menschen waren an diesem Abend da und die Nachfrage war so riesig, dass dieses Event in derselben Besetzung schon einen Monat später erneut stattfinden sollte. Am Vortag hatte die Veranstalterin eine Weltfrauentag-Show auf Englisch veranstaltet, und diese war ebenfalls ausverkauft.

Als wir nach der Show zusammensaßen, erzählte sie:

»Ich konnte es ja gar nicht glauben, aber anscheinend hat gestern einer eurer männlichen Kollegen hier in der Location angerufen, um zu fragen, ob ich wirklich ausverkauft bin.«

Wer kann nach diesem Tag noch ernsthaft glauben, die Comedy-Szene hätte kein Sexismus-Problem?

Man sieht es ja schon, wenn man sich ein Comedy-Video irgendeiner Frau auf YouTube ansieht. Falls du es nicht schon kennst, leg nun gerne dieses Buch zur Seite und gib auf YouTube »Julia Brandner Nightwash« ein und dann lies dir die Kommentare dazu durch. Du wirst auf jeden Fall den Kommentar »Das L in Frau steht für lustig« unter dem Video finden. Wenn du zu viel Zeit hast, klick dich auch gerne mal durch die Comedy-Videos anderer Künstlerinnen. Ich bin mir sicher, dass dieser Satz unter mindestens drei Viertel der Videos stehen wird.

Da fragt man sich zu Recht: Wie buchstabiert dieser Alpha-Kevin das Wort »Mann«? Wo ist da das L, das für lustig stehen soll? Und das H, das für Hirn steht?

Mittlerweile denke ich mir aber nur noch: Schön, dass du mein Buch zitierst, Kevin, das macht dich irgendwie geistreich.

Wenn Frauen sich auf eine Comedy-Bühne stellen, wird ganz genau hingeschaut. Es ist dasselbe wie bei Gehaltsverhandlungen oder Beförderungen zu Führungspositionen: Männern werden sie in der Regel relativ easy eingeräumt, wenn sie eine gute Leistung bringen (bzw. sich so verkaufen, als täten sie das) oder einfach nur selbstbewusst danach fragen. Bei Frauen hingegen wird viel genauer hingeschaut und so genau ihr gesamter Background, ihre Familie und der Funktionsstatus ihrer Eierstöcke gecheckt, dass das, was sie tatsächlich geleistet haben, dagegen meistens unter den Tisch fällt.

Ich habe mich anfangs sogar selbst dabei ertappt, wie ich dachte, Frauen hätten es schwerer, mich zum Lachen zu bringen. Mittlerweile habe ich so viele unglaublich lustige Frauen kennengelernt, dass ich diese Aussage revidieren möchte. Das Problem ist nur: Frauen sind noch immer in der Unterzahl. Wer mit Bruch- oder Prozentrechnungen vertraut ist, dem wird auffallen, dass *eine* schlechte Frau dann automatisch mehr ins Gewicht fällt. Angenommen, in einer Show treten sieben Männer und eine Frau auf – so, wie es bei meinem eigenen Comedy Open Mic (leider) meist der Fall ist – und an diesem Abend haben einer der Männer und die einzige Frau einen schlechten Auftritt. Dann ist man natürlich geneigt zu glauben, dass Frauen nicht lustig sind, während der eine schlechte Dude kaum aufgefallen ist und den Männern sicherlich kein schlechtes Image verpassen wird.

Frauen in der Comedy-Szene haben kein Qualitätsproblem, sie haben ein Quantitätsproblem. Männer sind nicht lustiger als Frauen. Männer können mit ihrem Penis einen Helikopter nachahmen und das sieht witzig aus, aber da hört es dann auch schon wieder auf mit den genetisch bedingten humoristischen Vorteilen. Wäre die Geschlechteraufteilung bei jeder Show fifty-fifty, könnte man sehr wahrscheinlich nicht sagen, dass ein

Geschlecht besser oder schlechter war. Außer natürlich, man ist ein Arschloch, das in die eine oder andere Richtung Vorurteile hat und sich auch nicht vom Gegenteil überzeugen lassen will.

Apropos Fifty-fifty-Aufteilung: Sobald es bei einem Open Mic einmal die Situation gibt, dass mehr Frauen als Männer um einen Spot bitten, fühlen sich anscheinend viele Veranstalter (bewusst nicht gegendert) dazu berufen, gleich ein »Ladies Special« daraus zu machen. Die Intention dahinter ist wahrscheinlich sogar eine gute, aber mich bringt es zur Weißglut. Wie würde man denn eine Show nennen, bei der nur Männer auftreten? Richtig, das wäre ... eine normale Comedy-Show. Ich bin ja auch hin und wieder Veranstalterin und möchte als solche für die Diversität immer Comediennes in meiner Show haben, aber sollte es mal der Fall sein, dass sich nur Männer um einen Spot bewerben, werde ich es ganz plakativ als Gentlemen's Special deklarieren, damit alle sehen, wie dämlich das ist.

Ich träume davon, einmal eine Ladies Night zu machen – und zwar ohne, sie also solche anzukündigen oder am Abend selbst so zu benennen, quasi inkognito. Es sollte schließlich normal sein, dass es auch rein weibliche Comedy gibt und dass die fucking witzig ist.

Und es sollte normal werden, dass Comediennes nicht immer nur die »Quotenfrauen« in der Show sind. Ich habe aufgehört zu zählen, wie oft ich mit den Worten »Ich brauche noch eine Frau für den Abend, hast du Lust?« in Shows eingeladen wurde. Und jedes Mal, wenn ich mich über diese Formulierung beschwert habe, fragte der Veranstalter nur, wie er es sonst hätte formulieren sollen. Na ja, vielleicht einfach: »Ich mache eine Show, hast du Lust?«

Es gibt natürlich auch Shows, in die ich ohne vorheriges Kommentieren meines Geschlechts eingeladen wurde. Zum Beispiel hat mir Jonas mal einen Auftritt in seiner Show gegeben – den kleinsten Spot natürlich.

»Und unser nächster Comedian«, kündigte Jonas mit seiner berühmt schwungvollen Art an, unterbrach sich dann aber, klatschte sich mit der flachen Hand auf die Stirn und schüttelte den Kopf. »Nein! Unsere, nächste Comedi*enne* ist eine Frau! Wir unterstützen hier ja gerne Frauen, die sich etwas aufbauen wollen, deshalb seid besonders lieb zu unserer *weiblichen* Comedienne – Julia Brandner!«

Ach ja, Jonas, ich vergaß. Es geht bei Comedy ja nicht ums Geschlecht.

KAPITEL 13

Kannst du das überhaupt? So als Frau?

»Hallo, ich möchte meine Möbellieferung abholen«, sagte ich zu dem jungen Mann am Schalter des Möbelhauses. »Ich habe einen Transporter dazugebucht.«

Ich reichte ihm meine Bestellbestätigung und zog die Karte durch das Lesegerät, um meine Möbel zu bezahlen.

»Ich brauche bitte noch einen Führerschein für den Transporter«, sagte der Verkäufer, und als ich in meiner Tasche nach meinem Portemonnaie greifen wollte, sah ich, dass er gar nicht mich dabei ansah, sondern den Boy, der neben mir stand. Der natürlich keine Anstalten machte, seinen Führerschein rauszuholen. Immerhin hatte ich mir eingebildet, das mit dem Transporter zu machen, weil es günstiger war, als sich alles liefern zu lassen, und der Meinung war, dass das ja wohl nicht so schwer sein konnte.

»Sind Sie nicht der Fahrer?«, fragte der Verkäufer noch einmal an meinen Freund gerichtet.

»Nein, ich bin die Fahrerin«, sagte ich und hielt dem Verkäufer meinen Führerschein hin. Der sah aber immer noch nicht mich an, sondern noch immer den Boy, als müsste er sich erst von ihm bestätigen lassen, dass ich keinen Bullshit erzähle.

Mein Freund schnaubte nur und deutete auf mich: »Das macht sie, ich würde mich davor anscheißen.«

Nun nahm der Verkäufer endlich meinen Führerschein und schaute aber weiterhin sehr skeptisch drein, als müsste er gleich den Filialleiter kontaktieren und ihm beichten, dass einer ihrer Schrotttransporter gleich noch größerer Schrott wäre.

Beim Rausgehen regte ich mich natürlich tierisch auf.

»Hast du gesehen, wie skeptisch dieser Pisser geschaut hat?«, rief ich (natürlich war ich dabei noch nicht aus der Tür raus, er sollte meine Aggressionen schon noch mitkriegen).

»Ich glaube, das hat er nur gemacht, weil ich so sinnlos danebengestanden bin und er sich nicht erklären konnte, welche Rolle außer Fahrer ich sonst noch spielen könnte«, munkelte der Boy.

Ich schnaubte verächtlich. »Versuch den jetzt nicht zu verteidigen!«, schimpfte ich. »Stell dir mal vor, die Rollenverteilung wäre umgekehrt gewesen. Wenn ich diejenige gewesen wäre, die nur den Raum verschönert hätte, glaubst du, er hätte mich gefragt, ob ich die Fahrerin bin?«

»Wahrscheinlich nicht«, gab der Boy zu.

Ich fuhr diesen Schrotttransporter übrigens wie ein Profi und parkte ihn perfekt parallel in meiner vielbefahrenen Straße (natürlich zwang ich den Boy, ein Foto davon zu machen, er konnte mich dann aber davon abhalten, es dem Verkäufer unter die Nase zu reiben und »Hier, du Pisser« zu sagen).

Frauen wird oft gesagt, sie sollen sich doch »einfach mal mehr zutrauen«. Aber wie einfach ist das wirklich, wenn einem die ganze Welt anscheinend genau gar nichts zutraut?

Meine irrsinnig witzige Comedy-Kollegin Sonja Pikart hatte zum Beispiel mal ein Tinder-Date mit einem Typen, der zu ihr sagte: »Ich habe mir kein Video von dir angeschaut, ich hatte Angst, dass du nicht lustig bist und ich dir dann nicht mehr in die Augen sehen kann.«

Die Frau hat den österreichischen Kabarettpreis gewonnen!

Abgesehen davon, dass der Typ natürlich nicht vom Fach war (wie immer) und dieser Spruch einfach unnötig und beleidigend ist, frage ich mich, ob er das zu einem männlichen Bekannten auch gesagt hätte. Hätte er da auch gesagt: »Ey, Walter, du machst Comedy? Kann ich mir nicht anschauen, denn falls du nicht lustig bist, ist das unangenehm für uns beide.«? Ich denke nicht. Wenn Walter eröffnet hätte, dass er sein Geld als Comedian verdient, hätte dieser Typ sich sicher sofort alles reingezogen, was man von ihm online finden konnte, und hätte vielleicht sogar ein Ticket für seine Show gebucht. Walter hat schließlich immer einen flotten Spruch auf den Lippen, der muss das auf der Bühne dann auch super können.

Aber wenn Sonja, die, ich erinnere, den österreichischen Kabarettpreis gewonnen hat, mehrmals im Fernsehen war und ausverkaufte Shows gespielt hat, dann traut sich dieser Typ dennoch nicht, ihren Stuff anzuschauen, denn sie könnte ja nicht lustig sein. What! The! Actual! Fuck!

Ich persönlich glaube ja, er hatte eher Angst, dass sie zu lustig sein könnte und er dann nicht mehr derjenige mit dem Bombenhumor in der Beziehung wäre – die vielleicht hätte entstehen können, wenn er kein Idiot gewesen wäre. Ich habe mal gehört, wenn Männer behaupten, auf lustige Frauen zu stehen, bedeute das eigentlich nur, dass sie eine Frau wollen, die über ihre Witze lache, damit sie sich wie die Geilsten fühlen könnten. Scheinbar hat Sonja bei seinen Witzen nur müde gelächelt, sonst hätte er ihren Humor vielleicht besser eingeschätzt.

Über dieses Thema haben wir uns sehr lange aufgeregt und ich darf an dieser Stelle spoilern, dass Sonja den Kerl natürlich in den Wind geschossen hat – richtig so!

Wie kommt das denn, dass man Frauen immer erst mal per se ihre Kompetenz abspricht? Wenn es um das Thema Frauenquote geht, ist die erste Reaktion von Quotengegner*innen schließlich auch immer: »Finde ich nicht gut, da sollte nach Kompetenz entschieden werden.« Als hätte man nicht vorgeschlagen, eine Frau an die Spitze des Unternehmens zu setzen, die wahrscheinlich, um für diesen Posten infrage zu kommen, schon einige Jahre in der Firma gearbeitet hat und bestens qualifiziert ist, sondern einfach mal einem Affen den Chefsessel anzubieten und zu schauen, was passiert. Wenn man so drüber nachdenkt, wäre das für Banken eigentlich keine schlechte Alternative, schließlich performen die Aktienportfolios von Affen im Schnitt besser als die von Topmanagern. Könnte man sich also mal überlegen.

Mich ärgert dieses Argument einfach maßlos. Es sagt im Wesentlichen aus: »Wenn zu 50 Prozent Frauen in Führungspositionen sitzen, besteht die Hälfte der Führungsetagen aus inkompetenten Schwachmaten, die nicht mal wissen, wie man eine Exceltabelle aufsetzt.« (Tatsächlich könnte das stimmen, aber eher in die andere Richtung – ich erinnere an das Peter-Paula-Prinzip.)

Ich glaube, niemand, der die Frauenquote befürwortet, möchte, dass nicht mehr nach Kompetenz entschieden wird oder dass Firmen künftig gezwungen werden, irgendeine Frau auf der Straße anzusprechen und ihr ohne Bewerbungsverfahren einen Chefposten anzubieten. Das Problem ist, dass Frauen meist nicht die Chance gegeben wird, ihre Kompetenz zu zeigen, beziehungsweise, dass weibliche Kompetenz anders wahrgenommen und bewertet wird als männliche.

Vielleicht kennst du das ja selbst aus Meetings: Du bringst eine Idee ein, alle ignorieren sie. Wenige Minuten später bringt Carsten aus der Buchhaltung dasselbe Argument wie du und plötzlich wird die Idee gefeiert. »Hepeating« nennt sich das und ich kann dir gar nicht sagen, wie oft mir das in Redaktionssitzungen während meines Journalismus-Praktikums passiert ist. Ich habe das in Uni-Seminaren erlebt. Ich habe es im Job erlebt. Und ich erlebe es auf der Bühne, wenn ich Backstage einer Freundin einen Joke erzähle und ihn dann zwei

Monate später in einem öffentlichen Set eines anderen Comedians höre, der an diesem Abend auch da war (ich werfe gerade einen kritischen Blick auf die Schweizer Szene), weshalb ich diesen Joke nie mehr öffentlich bringen kann, ohne dass mir unterstellt werden würde, ich würde meine Jokes klauen. Das habe ich schließlich nötig, denn ich bin ja weiblich und das ist ein Synonym für inkompetent.

Teilweise finde ich es wirklich erschreckend, in wie vielen Lebensbereichen uns Frauen Inkompetenz unterstellt wird. Einmal habe ich beispielsweise eine Instagram-Story gedreht, in der ich mir ein Glas Leitungswasser geholt habe. Daraufhin bekam ich eine Nachricht mit dem Inhalt: »Hast du den Wasserhahn danach eh wieder abgedreht?«

Atmen, Julia. Nicht das Handy schlagen, das war teuer und du könntest ohne es nicht leben.

»Das hat jetzt aber nicht zwangsläufig damit zu tun, dass du eine Frau bist«, höre ich dann ältere Menschen als mich immer sagen. »Vielleicht wirst du ja auch aufgrund deines Alters unterschätzt.«

Entschuldigung, aber ich war zum Zeitpunkt dieser Story 26 Jahre alt. Ich glaube, einer 26-Jährigen kann man zutrauen zu wissen, dass sie den Wasserhahn abdrehen sollte, wenn sie kein Wasser mehr braucht.

Im Juli 2022 wurde die Maskenpflicht in den österreichischen Öffis (mit Ausnahme von Wien) ausgesetzt. Ich habe daher eine Story ohne Maske im Zug gemacht, woraufhin mich ein Follower anpflaumte, warum ich denn keine Maske aufhätte. Hm, vielleicht, weil ich eine erwachsene Frau bin, die in der Lage ist, sich selbstständig über die geltenden Bestimmungen zu informieren und zu wissen, wann sie eine Maske tragen muss und wann nicht?

Am besten gefallen mir Menschen, die auch nach über zehn Jahren Instagram nicht checken, dass Storys gespiegelt aufgenommen werden. Ist im Alltag kein großes Problem, es sei denn, man macht eine Story, während man in einem Auto sitzt. »Ich finde das ganz schön unverantwortlich von dir. Man macht keine Storys, während man fährt, ich dachte, du wüsstest das«, kam prompt die Antwort.

Ja, Nadine, ich weiß, dass man keine Storys beim Autofahren aufnimmt. Ich habe einen Führerschein und habe davor die Fahrschule besucht, ich weiß, was man am Steuer darf und was nicht, und ich halte mich auch daran, weil ich kein egoistisches Arschloch bin, das sein Leben selbst dann mit der ganzen Welt teilen muss, wenn das bedeutet, eventuell das einer anderen Person zu gefährden. Calm your tits, ich war natürlich Beifahrerin. »Ich bin Beifahrerin« ist übrigens der Satz, den alle meine Influencer-Freundinnen unter eventuelle Auto-Storys schreiben, wenn man nicht ganz eindeutig eine andere Person beim Fahren sieht.

Übrigens kenne ich einige Männer, die sehr häufig Storys beim Fahren aufnehmen (während sie tatsächlich fahren!). Ich habe sie mal gefragt, ob sie sich dafür schon jemals Vorwürfe anhören mussten. Die Antwort kannst du dir denken.

Ein weiteres Lieblingsthema von mir ist die Deutsche Bahn. Bevor ich beruflich viel in Deutschland unterwegs war, habe ich lang gedacht, die Deutsche Bahn wäre nur ein Opfer deutscher Comedy, der halt nix Besseres einfällt. Wir jammern in Österreich schließlich auch ständig über unsere ÖBB, obwohl unsere Züge zu den pünktlichsten in der EU gehören. Ich dachte, das sei in Deutschland halt ähnlich. Aber ich wurde eines Besseren belehrt. Ich erspare mir hier eine großartige Auflistung über die ganzen Vergehen der Deutschen Bahn (ja, eine einzige benutzbare Toilette im ICE empfinde ich als Vergehen), wer darüber mehr erfahren will, kann sich ja so ziemlich jeden deutschen Comedian auf RTL ansehen. Oder mir auf Instagram folgen, denn dort gab es bisher noch zu jeder Bahnfahrt eine Story. Verspätungen, verpasste Anschlusszüge, alles dabei.

Daraufhin bekam ich ganz großartige ungebetene Tipps von einem selbsternannten »Langstrecken-Bahnprofi«: »1. Abfahrt immer krass früh, so früh wie möglich. 2. Umsteigezeit immer auf Minimum 20 Minuten setzen. So hat man auch Zeit, sich in der Zeit eine saubere Toilette zu suchen und man verpasst seltener seinen Zug. 3. Immer Ruhezone buchen!«

Nett gemeint, aber hat mich dennoch aufgeregt, denn 1. ging mein Zug um 5:30 und es war damit der erste Fernzug, der den Wiener Hauptbahnhof an diesem Tag verlassen hat. 2. betrug meine eingeplante Umsteigezeit 50 Minuten – und dennoch habe ich den Anschluss verpasst. 3. Wenn du wirklich glaubst, dass du in der Ruhezone automatisch Ruhe hast, empfehle ich dir, öfter zu fahren für einen kleinen Realitycheck.

Das mag für jeden, der ein Social-Media-Profil unter 1500 Followern hat, harmlos klingen, aber wenn man täglich eine Fülle solcher Nachrichten bekommt, ist es einfach nur anstrengend. Vor allem, weil sie immer von Personen kommen, die überhaupt keine Ahnung von deiner Situation haben und daher auch nicht wissen, ob du ihre grandiosen Tipps nicht schon längst befolgt hast (oder halt selbst draufgekommen wärst, weil du erstens viel pendelst und zweitens ein erwachsener Mensch mit einem funktionierenden Hirn bist). Als Tipp möchte ich daher loswerden: Bitte fragt die Content Creator*innen eures Vertrauens, ob sie eure Tipps hören möchten. Lieber einmal zu viel als einmal zu wenig. Und wenn jemand schon »Bitte keine Tipps« schreibt, bitte vertraut darauf, dass die Person sich wirklich sicher ist, dass sie keine Tipps möchte – und ja, Sabine, das gilt auch für deinen ganz besonderen Tipp, der so besonders ist, dass ihn 4820 andere Menschen auch anwenden. Und falls dieser ungefragte Tipp von meiner Seite dir gerade unangenehm war, hast du jetzt ein ungefähres Bild davon, womit ich mich jeden Tag herumschlage.

Übrigens habe ich zu meinen Bahn-Storys auch einen kleinen Liebesbrief bekommen: »Hey Julia, meinst du echt, die Deutsche Bahn interessiert sich für deine scheiß Zug-Storys?« Nein, Marcel, aber *ich* interessiere mich brennend für deine Meinung, lass dir da bitte auch nichts anderes einreden!

Im Zug hatte ich übrigens auch mal eine Gruppe besoffener älterer Herren hinter mir und sie waren so laut, dass sie den gesamten Waggon damit gestört haben. Irgendwann wurde ich so wütend über diese Rücksichtslosigkeit, dass ich aufgestanden bin und sie gebeten habe, sich in einer normalen Lautstärke zu unterhalten. Die schauten daraufhin ganz verwirrt zu dem Mann, der mit mir in einer Vierersitzgruppe saß – und erst als er »Sie hat recht« sagte, waren sie kurz still. Als könnte ich selbst nicht entscheiden, wann eine Gruppe von Menschen zu laut ist und andere belästigt. Als hätte ich als erwachsene Frau nicht das Recht, älteren Herren zu sagen, dass sie sich gerade wie rücksichtslose Arschlöcher verhalten. Wieso reicht meine Stimme nicht aus? Wieso muss man sich erst die Bestätigung von einem fremden Mann holen, dass das, was ich gesagt habe, eine Berechtigung hat?

Bei anderer Gelegenheit habe ich mich im Sommer mal über die lauten Bauarbeiten vor meinem Schlafzimmerfenster aufgeregt – genauer gesagt darüber, dass die Bauarbeiter immer um sechs Uhr zu arbeiten begonnen und pünktlich um acht Pause gemacht haben. Auch da kamen auf Instagram wieder ungefragte Belehrungen zuhauf: »Das hat mit den Trocknungszeiten zu tun, die müssen sie einhalten.« Ja, Gisela, lass ich mir an sich einreden, aber die bauen da draußen verfickte BALKONE. Ihre Arbeit bestand darin, Geländer zu befestigen. Dass da nix trocknen muss, erkennt auch mein ungeschultes Auge – und du hättest es auch gesehen, wenn du dabei gewesen wärst. Vielleicht einfach mal den Leuten zutrauen, dass sie wissen, worüber sie sich aufregen.

Die deutsche Rapperin Badmómzjay hat zum Release ihres großartigen Tracks *Survival Mode* ein Q&A gestartet. In dem Song gibt es die Line »Seit zehn Jahren steck ich im Survival Mode«. Hat vielen Leuten aufgrund ihres Alters nicht gepasst, denn sie war da gerade mal 19. Wie kann man denn mit neun Jahren schon im Survival Mode sein? (Na ja, mir würden schon ein paar Bedingungen dafür einfallen.) Sie reagierte aber sehr cool und meinte: »Jeder Mensch lebt anders und macht andere Erfahrungen. Vertraut mir bitte einfach, dass ich weiß, wovon ich spreche.«

Für mich gehört zu einer toleranten Gesellschaft dazu, dass wir Menschen prinzipiell zutrauen, ihre eigenen Erfahrungen einschätzen zu können – egal, ob man unter 50 oder gar eine Frau ist. Fangen wir bitte an, Menschen zuzuhören und sie ernst zu nehmen. Diese Infantilisierung, die ich oft erlebe, geht mir als erwachsener Frau nämlich unglaublich auf die Nerven. Ich kann selbst entscheiden, wo meine Grenzen liegen, ich kann mich selbst über gewisse Dinge informieren und weiß auch, wann ich den Wasserhahn abdrehen muss.

KAPITEL 14

Als Frau im Netz

Jeder ausgewachsene Mensch hat ungefähr 1,3 Kilo Gehirnmasse. Das ist eine biologische Tatsache. Allerdings wissen wir spätestens, seit es Fitnessstudios und aufgepumpte Typen, die keinen geraden Satz rausbringen, gibt, dass Masse nicht unbedingt mit Klasse gleichzusetzen ist. Vor allem, wenn man sich öfter in sozialen Netzwerken aufhält, ist man schon mal geneigt, daran zu zweifeln, dass der Mensch wirklich die intelligenteste Spezies auf diesem Planeten sein soll.

Wenn du als Frau auf sozialen Medien gesellschaftliche Strukturen anprangerst und noch dazu versuchst, dabei witzig zu sein, bist du gefährlich unterwegs. Wenn ich ein neues Video poste, fühle ich mich manchmal, als würde ich einen Knopf betätigen, der eine Bombe auslöst – oder eine riskante Nachricht an meinen Crush schreiben, die unsere Beziehung entweder aufs nächste Level hebt oder sie für immer zerstört. Die Wirkung eines Videos, das man auf Instagram postet, zeigt sich allerdings erst nach ein paar Tagen. Meist kommt am

Anfang noch Zuspruch und sobald das Video die eigene Bubble verlässt, zeigt sich erst, wie tief die menschlichen Abgründe sein können.

Ich habe keine Ahnung, wie oft mir schon vorgeworfen wurde, »männerfeindlich« zu sein, wenn ich gewisse Aussagen, die gegenüber Frauen getroffen werden, angeprangert habe. Und ich habe keine Ahnung, warum. Schließlich habe ich nirgendwo behauptet, dass nur Männer sich frauenfeindlich äußern und Frauen immer Engelchen wären. Das entspricht auch gar nicht meiner Überzeugung. Ganz im Gegenteil! Remember, ich war auf einer Mädchenschule und habe ja schon detailliert ausgeführt, wie scheiße Frauen leider oft zu anderen Frauen sind. Und wie unnötig ich das finde, denn meist ist das Konkurrenzdenken gar nicht angebracht und es gibt genügend Platz für alle. Außer bei *Germany's Next Topmodel*, wo Heidi Klum immer so schön betont, dass nur *eine* Germany's Next Topmodel werden kann. Aber *Germany's Next Topmodel* ist ja auch, wie wir mittlerweile wissen, in seinen Grundzügen schon frauenfeindliche Kackscheiße (und ja, das habe ich gerade gesagt, nachdem ich in einem vorigen Kapitel ausführlich über meine Liebe zum Trash-TV gesprochen habe, aber *GNTM* ist selbst mir zu hart).

Frauen lassen aber zumindest in sozialen Medien andere Hasskommentare ab als Männer. Ich kann in den meisten Fällen sofort sagen, ob ein Hasskommentar von einer Frau oder einem Mann kommt, ohne mir Profilbild und Benutzernamen angeschaut zu haben.

Wenn Frauen haten, tun sie es meist auf eine sehr diplomatische Art. Ich habe noch keinen einzigen schlimmen Hasskommentar von einer Frau bekommen – na ja, zumindest nicht auf Instagram, wo ich hauptsächlich unterwegs bin. Facebook ist eine andere Welt. Da kam unter meinem Nightwash-Video ein Kommentar von einer Frau, über den ich sehr schmunzeln musste, weshalb ich ihn hier gerne zitieren möchte: »Abgesehen dafon , das das junge Freulein nichts inteligentes zu sagen hat ist sie auch keine große Läuchte.« Sollte man sich mit dieser Rechtschreibung und Zeichensetzung wirklich so weit aus dem Fenster lehnen, Renate?

Ansonsten gibt's von Frauen eher differenzierten Hate. Ich habe einmal ein Foto für eine Kooperation mit einem Sportbekleidungshersteller gepostet – zu einer Zeit, in der ich sportlich durch lange Krankheit nicht in der besten Verfassung war, in der ich aber zu meinem eigenen Erstaunen noch einen Kopfstand und eine Brücke hinbekommen habe. Das versah ich mit der Caption »Wenn Menschen mich im Park anschauen, kann ich mir zumindest einbilden, dass sie auf mein cooles Sportoutfit schauen und mich nicht für meine Unsportlichkeit verurteilen«.

Und ja, ich gebe zu, dass das vielleicht nicht gut gewählt war, denn unsportlich wirke ich auf den Bildern nicht. Ich habe im Park so gewirkt, da ich nicht die Kraft hatte, ordentlich aus der Brücke zu kommen, weshalb ich blöd auf meinen Kopf gefallen bin und den ganzen

Tag Schmerzen davon hatte. Ich hatte einen knallroten Schädel, mein Herz hat mir bis zum Hals geschlagen und ich hätte fast geweint, weil mir diese Posen nach einer langen Krankheitspause körperlich einiges abverlangt hatten – aber soll ja niemand sagen, Influencerinnen arbeiten nicht für ihre Kohle.

Jedenfalls hat eine Frau sich von dem Bild in Kombination mit der Caption wohl persönlich angegriffen gefühlt und meinte: »Posen in der Öffentlichkeit und sich selber als unsportlich bezeichnen ist heuchlerisch. Wie soll es denn wirklich unsportlichen Leuten gehen, wenn sie das sehen? Oder Menschen, die wegen Krankheiten nicht mehr Sport treiben können? Das möchte ich mitgedacht wissen und das kann ja wohl nicht so kompliziert sein.«

Das kann nicht kompliziert sein? Okay, Uschi, bitte verfass mal eine Caption, von der sich niemand auch nur in irgendeiner Form getriggert fühlen könnte. Ich glaube, sie wäre leer. Es ist komplett egal, was ich poste, ich kann immer damit rechnen, dass es irgendjemand nicht so geil findet oder sich gar angegriffen fühlt. Wenn ich ein Glas Wein in meiner Story trinke, bekomme ich den Hinweis, dass manche Menschen Alkoholprobleme haben und ich das bitte in Form einer Triggerwarnung mitbedenken soll. Wenn ich Saft trinke, kommt der Hinweis, dass manche Menschen wegen Saftkuren in Essstörungen gerutscht sind, weshalb sie das krass triggert. Trinke ich Leitungswasser, soll ich mal an die Menschen denken, die kein trinkbares Leitungswasser haben. Trinke ich gar nichts, habe ich einen ungesunden Lifestyle. Mache ich darauf aufmerksam, dass Menschenhändler ukrainische Frauen an den Grenzen aufgreifen, wird mir Whataboutism vorgeworfen, weil die Kinder-Zwangsprostitution nach Tsunamis schließlich noch schlimmer sei (als ob dieses Verbrechen nicht grausam genug ist, egal, wem es passiert). Wenn ich Blut spenden gehe, kriege ich wütende Nachrichten, dass schwule Männer nicht Blut spenden dürfen und ich mit meiner Spende ein homophobes System stütze – erstens stimmt das für Österreich zum Glück nicht mehr, zweitens ist Nicht-Blut-spenden-Gehen wirklich keine sinnvolle Möglichkeit, um ein Zeichen gegen Homophobie zu setzen! Gendere ich mit Sternchen, kriege ich den Hinweis, dass ein Doppelpunkt inklusiver wäre. Gendere ich mit Doppelpunkt, beschweren sich Menschen, weil ich nicht mit Sternchen gendere. Und getriggerte Haralds regen sich darüber auf, dass ich überhaupt gendere. Du. Kannst. Nicht. Alles. Mitbedenken. Punkt.

Frauen haten, zumindest mir gegenüber, auf Instagram wenig bis gar nicht unnötig rum. Die Kritikpunkte haben meist einen Kern, den ich nachvollziehen kann, jedoch wünsche ich mir da mehr Verständnis dafür, dass ich auch nur ein Mensch bin, der hin und wieder mal einen Fehler macht, dreckig flucht oder beim Yoga im herabschauenden Hund furzt. Im Großen und Ganzen bin ich doch eine sehr nice Person.

Hasskommentare von Männern sind direkter und

plumper. Da kommt neben dem Klassiker »Das L in Frau steht für lustig, hahahahahaha, was bin ich für ein genialer Vollpfosten« meist so was wie »Geh zurück in die Küche und halt die Schnauze« oder »männerhassende Feministenfotze«.

Einmal habe ich einen dieser Typen darüber aufgeklärt, dass ich in der Caption geschrieben habe, dass solche Sätze von Männern und von Frauen kommen können und ich daher nicht verstehe, weshalb er Männerhass reininterpretiert. Darauf folgte die schöne Antwort: »Damit machst du all deine Videos absolut obsolet. Du betitelst sie auf eine gewisse Art und Weise, um Klicks zu generieren bzw. um Stimmung zu machen, schreibst aber, dass sie gar nicht geschlechtsspezifisch sind, was sie absolut sinnlos macht.«

Ich sag's ja, bei manchen Menschen zweifelt man das mit den 1,3 Kilo Hirnmasse an. Aber immerhin kennt er Wörter wie »obsolet«.

Mittlerweile suche ich das Gespräch mit solchen Typen gar nicht mehr, sondern blockiere sie einfach. Auch wenn es mich in streitlustigen Momenten schon in den Fingern juckt, Dudes, die mich »Gibt's dich auch in lustig?« fragen, zurückzuschreiben: »Gibt's dich auch mit genug Selbstwertgefühl, damit du es nicht mehr nötig hast, fremden Menschen abwertende Nachrichten zu schicken?«

Denn genau das ist es, was ich hinter den meisten ausfallenden Kommentaren vermute: Diese Menschen können nicht im Reinen mit sich selbst sein, wenn sie so eine

Scheiße von sich geben müssen, um sich selbst besser zu fühlen.

Mittlerweile ärgern mich solche Dinge aber gar nicht mehr, ich lächle nur noch müde darüber. Was mich viel mehr nervt, sind Männer, die mich davon überzeugen wollen, dass sie selbst ja gaaaanz anders sind, und wenn jeder Mann so wäre wie sie, die Welt ein besserer Ort wäre.

»Also, ich habe solche Sätze ja noch nie zu einer Frau gesagt, aber ich bin auch kein Hurensohn« – Originalzitat von irgendeinem Justus auf Instagram.

Ich habe Justus nicht geantwortet, weil was soll ich darauf auch schreiben? »Super, Justus, dass du eine Frau noch nie als blöde Fotze bezeichnet hast! Damit bist du wirklich eine Bereicherung für die Welt! Ich werde ein Denkmal für dich errichten und vor Begeisterung auf deinen Schwanz springen!«

Offensichtlich hat Justus meine fehlende Antwort als Bestätigung dafür gesehen, dass er ein geiler Hengst ist, denn er hörte nicht mehr auf, mir zu schreiben. So antwortete er mir zum Beispiel auf eine Story, in der ich gepostet habe, dass ich kein fließendes Wasser in meiner Wohnung hatte: »Dann musst du halt selbst feucht werden.« Und auf eine Story, in der ich Möbel zusammengebaut habe: »Ich würde auch gerne mal nageln.« Ihh. Da schüttelt es mich, wenn ich nur dran denke. Abgesehen davon, dass es widerlich ist, konterkariert es seine ursprüngliche Aussage, in der er behauptet hat, Frauen gegenüber niemals übergriffig geworden zu sein. Ich bin mir sicher, würde ich ihn damit konfrontieren, hieße es nur: »Das war nur ein Spaß, nimm's doch mit Humor, ich dachte, du bist Comedienne.«

Ja, ich könnte und würde es mit Humor nehmen, wenn du mein bester Freund wärst und ich wüsste, wie du tickst. Ich könnte und würde es mit Humor nehmen, wenn du mein fester Partner wärst und es gerade zur Situation passt. Aber nur meines Berufs wegen muss ich nicht über alles Übergriffige lachen, was mir fremde Menschen im Internet schreiben. Eine Physiotherapeutin muss ja auch nicht auf der Busfahrt von der Arbeit nach Hause jeden Herbert massieren, der beim Hinsetzen vor Rückenschmerzen stöhnt.

Mich nervt es auch, dass viele Typen Instagram offenbar mit einer Dating-App verwechseln. Die meisten sind zwar nicht so ekelhaft wie Justus, aber viele sind schon eher von der unangenehmen Sorte. Fragen kann man ja, aber man sollte auch wissen, wann man wieder die Klappe halten soll. (Das können Frauen übrigens tendenziell auch besser als Männer. Frauen, die mich mit einer Dating-Absicht anschreiben, lassen mich sofort in Ruhe und sind auch nicht beleidigt, wenn ich ihnen freundlich sage, dass ich gerade nicht zu haben bin.) Ich habe schließlich auch irgendwann mal aufgehört, meinen Celebrity Crush in Storys zu markieren, in denen ich gefragt habe, wann wir denn endlich heiraten. Bin halt mit der Zeit auch erwachsener geworden.

Einmal schrieb mir ein Typ als erste Nachricht: »Hast

du einen Kinderwunsch?« Das war die erste Kontaktaufnahme. Kein »Hallo«, kein »Wie geht's?«, kein »Wollen wir ficken?« – nichts! Ich habe nicht geantwortet. Zwei Monate später postete ich in meiner Story etwas zum Thema Pille. Daraufhin schrieb er mir wieder: »Also meine Frage nach deinem Kinderwunsch war auf das Pillenthema bezogen.«

Ich frage mich bis heute: War Peter3918 ein Medium und konnte zwei Monate im Voraus riechen, dass ich was zum Thema Pille posten würde? Oder versuchte er nur, im Nachhinein eine Rechtfertigung dafür zu finden, dass er mir viel zu persönliche Fragen stellte?

Ich mache mich gerade drüber lustig, aber in den Anfangszeiten, als ich rasant sehr viele Follower bekommen habe, haben mir Hasskommentare und plumpe Anmachen richtig Angst gemacht. Ich habe regelmäßig all meine Story-Highlights und Posts panisch überprüft und geschaut, ob es darin irgendeinen Hinweis auf meinen Wohnort oder meine Familie geben könnte. Mittlerweile habe ich ein dickeres Fell und sehe vieles entspannter. Aber auch das ist kein Freifahrtschein, um seine Hirnfurze bei fremden Menschen in sozialen Netzwerken abzulassen. Und es gibt auch Menschen, die zarter besaitet sind oder gar psychische Probleme haben, was man nicht unbedingt auf den ersten Blick sieht – beziehungsweise können Hassnachrichten auch dazu führen, dass psychische Probleme entstehen, die vorher nicht da waren. Das Model Kasia Lenhardt entschied sich sogar dazu, sich nach einer Welle von Cybermobbingattacken das Leben zu nehmen. Deshalb predige ich es immer wieder: Wenn man nichts Nettes oder Konstruktives zu sagen hat, sollte man lieber einfach mal die Fresse halten.

KAPITEL 15

Du verkaufst deine Werte für ein paar Cent.

»Hey, Julia. Ich fand dich als Comedienne immer super-lustig und mochte deine Art, Dinge lustig anzusprechen, immer sehr gerne. Aber dein Account verkommt gerade zu einem Werbeaccount und das finde ich schade, weil du so sämtliche Authentizität verlierst. Werde dir daher wohl leider entfolgen müssen. Liebe Grüße, Daniel.«

»Oh nein! Wenn es dir nicht gefällt, dass ich hin und wieder Werbung schalte, um meinen Account und die ganze beschissene Arbeit, die dahintersteckt und die niemand sieht, zu finanzieren, höre ich natürlich sofort damit auf! Du bist mir als Follower wichtiger, als dass ich meine monatliche Miete zahlen kann, Daniel!«, antwortete ich.

Natürlich habe ich danach nicht aufgehört, Werbung zu machen. Eigentlich mache ich nämlich auch gar nicht viel Werbung und finde, ein bis zwei Werbestorys pro Monat sind einem Daniel zuzumuten – zumal er sie einfach wegklicken kann. Er ruft ja auch nicht bei seinem liebsten Fernsehsender an und beschwert sich, dass zwischen den *Frauentausch*-Episoden Werbung läuft. Ich vermute, er geht auch an Plakatwänden vorbei, ohne jede einzelne zu beschimpfen, dass sie so zugekleistert ihre Authentizität als Wand verlieren würden (zumindest hoffe ich für alle Beteiligten, dass er das unterlässt). Auch Fußball scheint er laut seinem Profil zu schauen, obwohl die Spieler alle Trikots mit unzähligen Werbepartnern darauf tragen.

»Ich finde es nur schade«, schrieb Daniel weiter, und wie jeder weiß, kommt nach »Ich finde es nur schade« nie etwas Gutes. »Ich finde es nur schade, dass du hier deine komplette Authentizität verkaufst. Und wofür? Für ein paar Cent mehr in der Tasche!«

Ich schnaubte belustigt.

»Für ein paar Cent macht das niemand, Daniel.«

Ich weiß, ich hätte nicht drauf antworten sollen. Don't feed the troll. Aber bei Menschen, die an sich gut finden, was man macht, kann man erfahrungsgemäß mit einem Gespräch noch was reißen. Es ging mir ja auch nicht darum, dass er mir nicht entfolgen sollte. Kann er gerne machen, arrivederci.

Mir geht es darum, dass Menschen mal verstehen, dass Influencerin ein ordentlicher Job wie jeder andere ist, der es verdient, gut bezahlt zu werden. Influencer-Bashing ist nämlich ein riesiges Ding. Bei meiner Aufzeichnung vom Prix Pantheon beim WDR leitete die Moderatorin Tahnee den Abend mit den Worten ein: »Wenn unsere Kandidaten hier nicht gewinnen, dann droht ihnen ein schweres Schicksal und sie müssen Influencer werden, das wäre eine Katastrophe!«

Vorweg, ich finde Tahnee wirklich nett und habe auch einen dezenten Crush auf sie, also no front an dieser Stelle. Ich kann mir auch gut vorstellen, dass der Sender den Joke haben wollte. Aber wenn jemand wirklich der Meinung ist, es gäbe nichts Schlimmeres, als Influencer*in zu sein, dann würde ich für eine kurze Reise in die Realität empfehlen, mal wieder Nachrichten zu gucken.

Wenn man den reinen monetären Gewinn gegen den Arbeitsaufwand aufrechnet, ist Influencer*in nämlich ein ziemlich lukrativer Beruf und ich denke, wer das schlechtredet, ist einfach größtenteils neidisch. War ich selbst auch lang, bevor ich Influencerin wurde. Ich dachte auch lang Dinge wie »Die kann ja nix und verdient so viel Geld« oder »Warum folgen der eigentlich so viele Leute? Die hat ja überhaupt keine Qualifikationen.« Und das stimmt so nun mal nicht.

Influencer*innen haben den Skill, viele Menschen dazu zu bringen, sie zu mögen und auf ihre Meinung zu vertrauen. Das können die meisten Menschen, die sie kritisieren, nicht. Zumindest mag *ich* sie nicht besonders.

»Ich habe selbst eine Seite mit 60 000 Followern verkauft, ich kenne die Preise. Selbst wenn es 150 € wären, würde ich persönlich das nicht machen!!!«, schrieb Daniel weiter. Nun grunzte ich vor Lachen. Daniel hat wohl wirklich absolut keine Ahnung von marktüblichen Preisen und hat sich selbst anscheinend auch komplett unter Wert verkauft. Nun bekam ich fast schon ein bisschen Mitleid mit ihm. Ich versuchte es noch mal mit Diplomatie.

»Daniel, wir reden hier auch nicht von 150 €. Und im Wesentlichen sollte es auch egal sein, von welchen Beträgen wir hier sprechen. Menschen, die auf Instagram große Accounts besitzen und dort regelmäßig Content posten, stecken viel Arbeit da rein, auch wenn man das als Außenstehender nicht immer sieht. Und wenn du doch selbst sagst, dass du an sich gut findest, was ich hier mache, warum gönnst du mir nicht, dass ich durch Arbeit, die du gut findest, meinen Lebensunterhalt finanzieren kann? Abgesehen davon bleibt durch Werbeeinschaltungen mein Content hier kostenlos zugänglich und ich muss dich nicht persönlich dafür zur Kasse bitten. Wären du und auch alle anderen dafür bereit, mir jeden Monat Geld zu bezahlen, um meinen Content zu sehen, müsste ich keine Werbung machen, um den Account zu finanzieren. Für viele ist das allerdings keine Alternative.«

Ich finde, ich habe mich da sehr sachlich und verständlich ausgedrückt. Ab einem gewissen Punkt merkst du aber, dass du mit Argumenten nicht mehr weiterkommst. Und dieser Punkt war bei Daniels nächster Antwort erreicht. Er schrieb nämlich, und ich schwöre, das denke ich mir nicht aus: »Wenn du so gut verdienst, wieso zahlst du dann überhaupt Miete und wohnst nicht im Eigentum, hm?«

Ja, warum eigentlich? Vielleicht, weil ich noch warten wollte, bis die Immobilienblase platzt, weil ich gerne umziehe oder weil ich *Rich Dad, Poor Dad* gelesen habe und daher gelernt habe, dass man in seinem Eigentum nicht selbst wohnen sollte, weil es dann kein Asset, sondern eine Liability ist? Oder weil ich dann statt Miete nur noch höhere Kreditraten und Betriebskosten zahlen müsste? Oder weil es dich einen feuchten Dreck angeht, wo und wie ich wohne?

Gute Argumente hin oder her, ich beschloss, mich an diesem Punkt aus der Unterhaltung rauszuziehen und ihm keine weitere Minute meiner Zeit mehr zu schenken. Daniel hatte offenbar Frust und dachte, unnötig gegen Frauen zu haten, die auf Instagram Geld verdienen, würde seinen Schwanz um einen halben Zentimeter wachsen lassen. (Wird es nicht.)

Influencer-Hate begegnet mir und auch anderen Frauen in diesem Business häufig und ich habe es noch nie verstanden. Solange ein Account noch eigene Inhalte hat, die nichts mit Werbung zu tun haben, und solange er nicht wirklich für jeden Scheiß wirbt, der eigentlich gar nicht zu seiner Linie passt, ist es doch vollkommen egal, wenn man hin und wieder eine Anzeige sieht. Die meisten Menschen, die ich kenne, betten Werbung supernatürlich in ihr Profil ein und geben sich bei Feedposts richtig Mühe, die Anzeige ansprechend und unterhaltsam zu gestalten. Warum stört man sich also an so was, wenn man doch einfach weiterscrollen könnte und sich damit gar nicht abgeben müsste?

Ich fürchte, wir kennen die Antwort: weil vor allem Frauen gutes Geld damit verdienen. Wäre der Beruf männerdominiert, wie viele Menschen hätten wohl so ein Problem mit Influencer-Marketing? Ich weiß es nicht, vielleicht irre ich mich ja auch und man würde es genauso nervig oder sogar nerviger finden. Aber ich vermute leider etwas anderes. Ich habe auch mit zwei männlichen Kollegen aus dem Business gesprochen und sie gefragt, welche Reaktionen sie auf Werbepostings bekommen. Ihre Antwort: »Kommt aufs Produkt an, wie cool es die Leute finden, aber beschwert hat sich noch niemand.«

Einer der beiden meinte sogar, die Menschen würden es interessant finden, wenn er erzählt, was er beruflich macht. Das ist ein Szenario, das mir und auch anderen Influencerinnen aus persönlicher Erfahrung eher weniger bekannt ist.

»Ich bin Influencerin« – »Ja, ich kann auch nix.« Hahahaha. Diesen Spruch habe ich schon so oft auf Facebook und Tinder gelesen. In Tinder- und Bumble-Biografien von Männern entdeckte ich außerdem Sätze wie »Keine Influencer-Bitches« und »Wenn du einen Vollidioten willst, der deine scheiß Influencer-Insta-Fotos macht, wisch nach links«. (Ja, auf Dating-Apps findet man immer noch richtige Traumprinzen, wie Walt Disney sie schöner nicht hätte zeichnen können. Früher habe ich mich dafür gehasst, auch auf Frauen zu stehen, heute, nach einigen Erfahrungen auf Dating-Apps, denke ich mir nur: zum Glück.)

Auch auf Instagram hat mir ein Typ mal folgende poetische Zeilen auf eine Story geschrieben, in der ich mich über den Baustellenlärm, der seit Monaten vor meinem Haus stattfand, beschwerte: »So viel Jammern über Leute, die arbeiten, aber selbst nichts produzieren als ein paar Reels mit Werbung. Finde den Fehler.«

Nun, ich würde sagen, der Fehler creepte in meinen DMs herum und war sauer, weil ich auf seine vorhergehenden Anmachnachrichten nie reagiert habe. Aber was weiß ich schon?

Der Gedanke, dass keine Arbeit hinter dem Beruf steckt und man tatsächlich nichts können muss, um Influencerin zu sein, hält sich so hartnäckig. Aber stimmt das überhaupt? Die Antwort ist: Nein, natürlich nicht, sonst würden wir es alle machen. Wer behauptet, dass er den Gedanken an eine Influencerkarriere nicht zumindest chillig fände, lügt sich doch selbst an. Ich sage es, wie es ist: Ich hatte noch nie so viel Freizeit bei so viel Geld, wie ich es als Influencerin habe. Und das will ich, wenn möglich, niemals aufgeben. Und auch, wenn ich nur ein kleiner Fisch bin, ermöglicht mir meine Reichweite schon ein ziemlich schönes Leben. Sie hat mir auch ermöglicht, dieses Buch zu schreiben, weil Antonia, die Tochter meiner wundervollen Agentin Birgit, ohne viral gegangene Reels niemals auf mich aufmerksam geworden wäre und ihrer Mama niemals nahegelegt hätte, mich ins Boot zu holen. Insofern, danke an Antonia, aber auch an Instagram.

Ist das nun unverdient oder mir gar in den Schoß gefallen? Hahahahaha. Nein.

Zunächst mal ist etwas nicht automatisch »unverdient«, nur weil es einer Frau zuteilwird, die dazu noch zufällig eine gute Reichweite auf Instagram hat und halbwegs gut aussieht. Genau wie die Beförderung einer Frau nicht automatisch ein Quotending ist und sie sich nicht dafür »hochgeschlafen« haben muss (wenn man so etwas von sich gibt, könnte man zumindest noch dazu anprangern, dass Männer Frauen offenbar Beförderungen verweigern, wenn sie davor keine sexuellen Gefälligkeiten von ihnen bekommen). Verabschieden wir uns doch mal von diesen misogynen Gedanken, auch wenn wir sie alle noch so ein bisschen in uns tragen.

Außerdem ist Reichweite nichts, was einem über Nacht in den Schoß fällt. Ich habe mein Instagram-Profil seit 2015. Und wann hat es angefangen, Profit abzuwerfen? Im Jahr 2021. Ich habe sechs Jahre damit verbracht, dieser Plattform und allen, die sie nutzen, kostenlosen Content zu liefern. Sechs Jahre Arbeit, für die ich keinen einzigen Cent bekommen habe. Hätten das die Bauarbeiter, über deren Lärm ich mich beschwert habe, gemacht, David? Ich denke nicht.

Ich finde es schade, wie sehr dieser Beruf abgewertet wird, hinter dem tägliche kreative Arbeit steckt und der ein starkes Nervenkostüm erfordert, weil man quasi konstant beleidigt wird, vor allem als Frau. Wenn ich das, was ich auf Instagram zu hören bekomme, in einem normalen Arbeitsverhältnis an den Kopf geworfen bekäme, fiele es unter heftigstes Mobbing.

Und dann kommt leider auch immer das Argument, dass das »kein richtiger Beruf« sei. Meistens von Leuten, die Gamer für einen richtigen Beruf halten, obwohl die meiner Meinung nach deutlich weniger fürs Allgemeinwohl leisten. Aber who am I to judge? Wer bestimmt denn, was ein »richtiger« Beruf ist? Ich bin mir sicher, ich arbeite mehr als eine Gerti im Bezirksamt Wien im 2. Bezirk, die am Tag zwei Personalausweise erneuert, pünktlich um vier Uhr den Stift wegwirft und heimgeht und vorher nur Leute anfuckt (und ja, ich war oft genug in diesem Bezirksamt, um mich sagen zu trauen, dass es dort genau so zugeht). Will ich Gerti deshalb absprechen, einen legitimen Job zu machen? Nein, weil auch ich hin und wieder einen neuen Perso brauche.

Wir brauchen doch in unserer Gesellschaft so ziemlich alle Berufe, damit sie funktioniert. Egal, wie sehr wir die Müllabfuhr verfluchen, wenn sie vor uns durch eine enge Gasse fährt, während wir pissen müssen – ohne sie kämen wir halt nicht aus.

Und auch, wenn Influencer*innen wahrscheinlich nicht so viel zum Funktionieren der Gesellschaft beitragen wie die Müllabfuhr, Krankenhauspersonal oder die Polizei – wir sind dennoch diejenigen, die ihr euch anseht, während ihr eure Netflix-Serien ignoriert. Und wenn wir spannender sind als High-End-Produktionen, kann von unwichtig wohl keine Rede sein.

Ich würde außerdem dem Argument widersprechen, dass die Arbeit von Influencer*innen per se wertlos und unwichtig ist. Schließlich gibt es so viele Menschen, die mit ihrer Reichweite etwas Sinnvolles anstellen. Hier fällt mir zum Beispiel Ida Marie Sassenberg (@wellshesassy) ein, die mit ihrer Reichweite eine Petition gegen Upskirting gestartet und damit ein Gesetz geschaffen hat, das selbiges verbietet. Oder Saskia Michalski, die sich unermüdlich dafür einsetzt, dass alternative Beziehungsformen mehr Akzeptanz erfahren, und somit vielen Menschen den Mut gibt, sich als queer oder poly zu outen. Tijen Onaran, die Frauen und Menschen mit Migrationshintergrund Mut macht, zu sich zu stehen und eine Bad-ass-Karriere hinzulegen. Huschke Mau, die über die Folgen von Prostitution für Frauen und die Gesellschaft aufklärt (und damit nicht nur feinstes Mansplaining von Sascha Lobo erntet, sondern auch ordentlich Kritik von anderen Frauen, die das gleiche Schicksal erfahren könnten). Jasmina Kuhnke (@quattromilf), die nicht müde wird, über Rassismus aufzuklären, obwohl sie jedes Recht dazu hätte. Oder Mirja Siegl (@seiten.verkehrt), die mit unglaublichem Galgenhumor die Missstände unserer Gesellschaft durch Rollenumkehr sichtbar macht. Ich könnte noch so viele andere tolle Accounts aufzählen, die Großartiges leisten und damit zum Umdenken bewegen, aber dann bestünde dieses Buch nur noch aus Shoutouts.

Wer immer noch denkt, dass Frauen mit großer Reichweite keinen sinnvollen Beitrag zur Gesellschaft leisten, möge sich bitte diese großartigen Frauen ansehen und seine Meinung überdenken. Und an dieser Stelle gerne auch gleich damit aufhören, Influencer*innen ihre Daseinsberechtigung abzusprechen.

KAPITEL 16

Hab' ich eine Pizza oder ein Date bestellt?

»Lass dir die Pizza schmecken, Hübsche. Ich hoffe, ich darf dir bald wieder was liefern ;)«, steht auf meinem Handydisplay, kurz nachdem ich die Wohnungstür zugemacht habe. Eine Push-Benachrichtigung verrät mir außerdem, dass mir jemand eine Freundschaftsanfrage auf Facebook geschickt hat. Ich tippe vorsichtig drauf und erstarre. Es ist der Pizzalieferant, der gerade noch hier oben war. Sofort läuft es mir eiskalt den Rücken hinunter, ich verriegle die Tür ein zweites Mal und spähe durch den Türspion, um zu sehen, ob er noch da ist. Er ist weg. Obwohl ich riesigen Hunger hatte, als ich sie bestellt habe, habe ich keinen Appetit mehr auf die Pizza und stelle sie unangerührt in die Küche. Ich werde sie morgen kalt frühstücken, dann fühlt es sich vielleicht an wie ein Katermorgen nach einem guten Saufabend. Ich werde heute wahrscheinlich kein Auge zutun, das wird das Gefühl umso realistischer machen. Vielleicht bin ich dann auch so müde, dass ich zu halluzinieren beginne, dass ich eine lustige Partynacht mit Freunden hatte. Ich hoffe, ich kann das als alternative Wahrheit in meinem Kopf einspeichern.

Ohne das Licht im Wohnzimmer einzuschalten, gehe ich ans Fenster und spähe nach unten. Ein Glück, der Fahrer ist bereits weg. Das Herzklopfen verflüchtigt sich langsam, das ungute Gefühl im Magen bleibt und vermischt sich mit Wut. Ich blöde Kuh habe diesem Vollidioten auch noch Trinkgeld gegeben! Zwei verfickte Euro. Wenn ich gewusst hätte, dass er übergriffig wird, hätte ich ihm gönnerhaft fünf Cent in die Hand gedrückt. Ich greife nach dem Handy, öffne die Lieferdienst-App und suche die Mailadresse des Kundenservices raus.

»Sehr geehrtes Lieferservice-Team. Hiermit möchte ich Ihnen mitteilen, dass Ihr Fahrer mich belästigt hat«, tippe ich laut vor mich hin, breche jedoch ab. Was, wenn er jetzt seinen Job meinetwegen verliert? Wäre ihm zu gönnen und er könnte dann auch keine weiteren Frauen auf diese Weise mehr belästigen. Aber er kennt meinen vollen Namen und weiß, wo ich wohne. Es wird also nicht mal was bringen, ihn auf allen möglichen Kanälen zu blockieren. Wenn er nicht mehr telefonisch zu mir durchkommt, steht er vielleicht plötzlich vor meiner Haustür. Meine Mutter hatte so was von recht, als sie mir damals einschärfte, mich nie mit Fremden aus dem Internet zu treffen und ihnen nie meine Adresse zu geben – das habe ich nun von meiner Leichtsinnigkeit.

Gut, der Schaden ist angerichtet, kann ich nicht ändern. Ich muss irgendwie mit der Situation umgehen. Will ich ihm eine Lektion erteilen und andere Frauen schützen oder will ich mich selbst schützen? Wenn ich mich selbst schützen will, zu welchem Preis? Ich will schreien: Ich bin ein Star, holt mir Personenschutz!

Ich habe mich entschieden, den Vorfall zu melden, und dem Fahrer wurde laut Auskunft des Lieferservices gekündigt. Er wiederum hat sich nicht mehr bei mir gemeldet und stand auch nicht vor meiner Tür. Hätte ich damals nicht gegenüber einer Polizeistation und einer jüdischen Schule mit 24/7 Soldaten vor meiner Haustür gewohnt, hätte ich wahrscheinlich länger Angst gehabt, so aber konnte ich nach wenigen Tagen zum Alltag übergehen. Seitdem begleitet mich allerdings ein ungutes Gefühl, wenn ich Essen bestelle. Mittlerweile wohne ich in einem Haus mit Aufzug, der nur mit einem Schlüssel funktioniert, weshalb ich nun immer per App Trinkgeld gebe und den Lieferanten sage, sie sollen das Essen in den Aufzug stellen, ich würde es dann holen. Außerdem habe ich meinen Namen in der Lieferservice-App auf Julian geändert. Manchmal checken Lieferanten den Hinweis mit dem Aufzug nicht und kommen trotzdem nach oben, dann rufe ich immer demonstrativ »Schatz, das Essen ist da!« in die Wohnung, auch wenn niemand außer mir da ist. Ist auch immer glaubwürdig, bei mir kommt es schließlich öfter mal vor, dass ich mir zwei Pizzen bestelle, damit ich am nächsten Morgen auch noch eine habe.

Sagen wir es, wie es ist: Dating-Apps für Männer sind Tinder, Bumble und Co. Für Frauen können allerdings auch Lieferando, Uber oder gar eBay Kleinanzeigen unfreiwillig zur Dating-App werden (von Instagram möchte ich gar nicht erst anfangen). Ich habe mal in einem Ausmistflash versucht, Schuhe, die ich nicht mehr getragen habe, die aber noch gut aussahen, auf Willhaben, dem österreichischen Pendant zu eBay Kleinanzeigen, zu verkaufen. Zwar waren auch ernsthaft interessierte Nachrichten dabei, die Hälfte kam jedoch von Fußfetischisten, die mich baten, die Sandalen doch mal angezogen zu zeigen, oder die wissen wollten, wie meine Füße nach einem Tag in den Stiefeletten riechen. Spoiler: nicht gerade nach Rosen. Wenn diese Fetischisten mir für Fotos oder Infos in diese Richtung Geld geboten hätten, wäre es was anderes gewesen. Du gibst mir 100 Euro für ein Foto meiner Füße in Sandalen? Kriegst du, Walter, ich lackiere mir sogar die Zehennägel davor! Du kaufst mir meine getragenen Boots für 200 Euro ab, wenn ich sie davor mindestens zwei Tage lang durchgehend trage? Gerne, ich lege sogar noch meine getragenen Socken drauf! Ich habe schon Schlimmeres und Anstrengenderes getan, um Geld zu verdienen – wir erinnern uns an meinen letzten Bürojob!

Aber diese Typen wollen ja alles einfach so. Nicht mit mir. Ab einem gewissen Famelevel gibt's nichts mehr gratis (das gewisse Famelevel war für meinen Geschmack erreicht, als ich mal in einem Fernsehbeitrag im Hintergrund durchs Bild gelaufen bin). Also meldete ich all diese Typen bei den jeweiligen Plattformen, die wiederum jedoch »nichts machen konnten«. Abgesehen vom Lieferservice zog niemand Konsequenzen daraus, dass dort Menschen rumliefen, die andere belästigten – und es wahrscheinlich heute noch ungehindert tun. Ich wette, während ich diese Zeilen tippe, schreibt dieser Herbert ohne Profilbild gerade einer anderen Frau, ob sie ihre hübschen Füße nicht für ihn fotografieren will.

Aber auch auf offiziellen Dating-Apps, bei denen man explizit eine Beziehung oder ein nettes Gspusi sucht und daher gewisse Avancen erwarten kann, lauern oft unangenehme Überraschungen.

Achtung, hier kommt mein Fachgebiet, denn ich habe meine Masterarbeit über Tinder geschrieben. Genauer gesagt über die Gefahren für Frauen auf Tinder und darüber, wie Frauen ihre Privatsphäre und auch sich selbst beim Tindern schützen. Dafür musste ich natürlich selbst auch auf Tinder unterwegs sein – Anweisung meiner Professorin, ich schwöre! War eine tolle Sache, denn jedes Mal, wenn meine Mama damals in mein Zimmer kam und mich beim Tindern erwischt hat, meinte sie: »Oh, Schatz, du arbeitest! Ich störe dann mal nicht weiter!«

Als ich meine Mama dann gebeten habe, meine Arbeit Korrektur zu lesen, kam eine Mail zurück, in der nur stand: »Meine Süße – du gehst nicht mehr auf Tinder!«

Ich selbst habe auf Tinder eigentlich keine großartig negativen Erfahrungen gemacht. Einmal hatte ich ein Tinder-Date mit einem Typen namens Fabian, mit dem ich mich gut verstanden habe und der auf seinen Bildern auch echt gut aussah. Obwohl ich eigentlich nie Tinder-Dates habe, willigte ich ein, ihn in einer Bar zu treffen.

Dort angekommen, wartete ich auf ihn. Ich sah nach links und nach rechts und konnte ihn nicht finden. Als ich dann nach unten auf mein Handy sah, um ihn zu fragen, ob er mich versetzt hatte, entdeckte ich ihn. Er war einen Kopf kleiner als ich. Gut, darüber kann ich normalerweise hinwegsehen (wortwörtlich!), aber in diesem Fall hat es mich irritiert, denn er hatte ziemlich viele Gruppenfotos auf Tinder – und er war auf jedem der Größte! Ich frage mich heute noch, wo der Typ seine Freunde herhatte. Hat er die alle beim Casting für den letzten Minions-Film kennengelernt? Oder ist er ganz creepy an einem Kindergarten vorbeigefahren und hat Kinder gebeten, sich einen Schnurrbart anzukleben und ein Foto für sein Tinder-Profil mit ihm zu machen?

Aus Fabian und mir wurde nichts. Nicht wegen seiner Größe, sondern weil er mich den ganzen Abend zugetextet hat, bis ich richtig fertig war. Wir saßen im Gastgarten und der Kellner rettete uns, indem er sagte, er müsse den Gastgarten schließen, aber wir könnten nach drin kommen. So schnell habe ich noch nie »Nein, schon okay, bringen Sie einfach die Rechnung!« gesagt. Zu Hause fiel ich ins Bett und fühlte mich wie vom Bus überfahren. Aber das war meine negativste Tinder-Erfahrung. Fabian nahm es sehr gut auf, dass ich ihn nicht noch mal treffen wollte, und reagierte insgesamt echt nett. Falls du das jetzt liest, Fabian, ich hoffe ehrlich, dass du happy bist.

Weniger Verständnis hatte ein potenzieller Date-Partner, der dann doch keiner wurde, beim Mitbewerber Bumble. Dort sprach mich das Konzept sehr an: Ich müsste den Typen zuerst anschreiben, wenn wir ein Match hätten, denn dort können nur Frauen den ersten Schritt machen. Ich habe genügend Freundinnen, für die das ein Dealbreaker wäre, weil sie erobert werden wollen. Für mich war es allerdings ein Pro-Argument, weil das Problem der sogenannten Fuck-Matches wegfällt. Ein Fuck-Match zeichnet sich dadurch aus, dass man aus Versehen nach rechts statt nach links wischt, bei einem Menschen, der einen null interessiert – man hat ein Match und bevor man es auflösen kann, hat er auch schon die erste Nachricht geschrieben und man denkt sich nur: Fuuuuuuuck!

Also probierte ich Bumble aus. Ich schrieb einen Kerl namens Azad an, einen Juristen, der in seinem Profil wie ein netter, attraktiver, kluger Kerl wirkte. Wir verstanden uns auf Anhieb gut, hatten einen ähnlichen Humor und es wirkte, als würden wir ganz gut passen.

Nur, dass er gleich nach den ersten Sätzen meinte: »Gib mir mal deine Nummer, dann melde ich mich später auf WhatsApp.«

Oida, Azad, wenn ich jedem dahergelaufenen Bumble-Match nach drei Sätzen meine Nummer geben würde, könnte ich sie gleich öffentlich in mein Instagram-Profil schreiben! Ich ignorierte die Nachricht und ging nur auf den zweiten Satz ein, den er geschrieben hatte. Das Gespräch lief weiter gut, alles war in Ordnung.

Am nächsten Tag öffnete ich Facebook und hatte eine Freundschaftsanfrage von ihm. Ich klickte auf sein Profil, es schien gerade erst eingerichtet worden zu sein, denn er hatte weder Freund*innen noch irgendwelche Angaben außer seinem Profilbild, das er am Vortag hochgeladen hatte. Fand ich schon mal weird, aber als ich dann auf Instagram ging und merkte, dass er mir auch noch folgte, bekam ich Bauchschmerzen. Auch hier rief ich aus Neugier sein Profil auf – null Beiträge, null Follower, folgte einer Person, nämlich mir. Sofort blockierte ich ihn auf allen Plattformen – außer auf Bumble. Dort beschloss ich, ihn mit seinem Verhalten zu konfrontieren, und fragte ihn, was das sollte. Nicht, weil ich nach der Nummer noch was von ihm wollte, sondern um ihm zu sagen, wie unheimlich das ist, damit anderen Frauen die Bauchschmerzen, die ich in diesem Moment hatte, erspart blieben. Er meinte: »Ich habe dein Profilbild in der Google-Bildersuche hochgeladen und dadurch habe ich deinen vollen Namen und dein Instagram gefunden und dann habe ich dort Profile erstellt, um mir deine ansehen zu können.« Nächste Nachricht: »Du wolltest mir deine Nummer ja nicht geben, also musste ich rausfinden, ob du ein Fake bist.«

Ach ja. Das gute alte Victim-Blaming. Du stalkst mich, jagst mir Angst ein, aber ich bin selbst schuld. Wenn ich dir meine Nummer gegeben hätte, wäre das alles nicht passiert. Klar, eine Telefonnummer ist ja auch der ultimative Beweis für die Richtigkeit meiner Profilangaben! Ist ja nicht so, als könnte ich mir in wenigen Minuten eine Prepaidkarte kaufen und meine Stimme mit einer Software verzerren, sodass du wirklich denkst, ich sei Julia und nicht Manfred, 54.

Abgesehen davon, und das ist jetzt auch ein Lifehack für jede Person, die das hier liest: Wenn du schon Bilder in die Google-Bildersuche hochlädst und jemanden dann auf allen möglichen sozialen Netzwerken ausspionieren willst, okay. Habe ich auch schon gemacht, gebe ich zu. Aber dann leg dir doch verdammt noch mal ein Fake-Profil dafür an! Nenn dich pferdegirl_31, nimm ein Pferd als Profilbild und niemand mit öffentlichem Profil wird es creepy finden.

Das habe ich Azad auch genau so gesagt und ihm erklärt, dass ich seit diesem Fall Bauchschmerzen bekomme, wenn ich seinen Namen auf dem Display lese. Er war dann sehr reumütig und meinte, er würde sich freuen, wenn ich es mir überlegte. Er wolle mich eine Woche in Ruhe lassen und wenn ich mich umentscheiden sollte, würde er sich über meine Nachricht freuen. Er hielt sich in dieser Woche tatsächlich wie versprochen komplett zurück, aber ich änderte meine Meinung nicht. Nach dieser Woche schrieb ich ihm, dass ich noch immer ein schlechtes Gefühl hätte und nach dieser Sache zu viel Angst hätte, ihn zu treffen. Er entschuldigte sich vielmals und reagierte insgesamt sehr nett, aber auch das brachte mich nicht dazu, anders über diese Sache zu denken. Ich fand es schade, da es ja Zeiten gegeben hatte, in denen wir uns wirklich gut verstanden hatten. Außerdem hatte er einen wunderschönen Nachnamen, den ich im Falle einer Hochzeit mit Freuden angenommen hätte (damals hatte ich noch eine positivere Einstellung zum Heiraten). Aber mei. It is what it is. Wenn schon in der

Kennenlernphase solche Dinge passieren, ist er wahrscheinlich auch in einer Beziehung ein Kontrollfreak. Gibt sicher Frauen, die das irgendwie sexy finden, aber ich gehöre eindeutig nicht dazu. Ich kann mich mit den Frauen aus Trashformaten, die Dinge wie »Mein Mann muss auf den Tisch hauen können und mir auch mal verbieten rauszugehen« sagen, überhaupt nicht identifizieren. Ich will schließlich einen Partner, keinen Zuhälter. Meiner Meinung nach basiert eine gesunde Beziehung auf Gleichberechtigung, Kommunikation und Vertrauen, nicht auf Kontrolle. Wenn ich einen Kontrollfreak will, gehe ich zurück in meinen alten Bürojob. Das Prinzip gilt natürlich auch für mich und das ist voll okay, ich bin schließlich auch keine Frau, die »auf den Tisch haut« oder ihrem Kerl irgendwas verbieten würde. Ich bin eher die Frau, die sagt: »Klar, Schatz, triff dich mit anderen, alles cool, solang ich's auch darf. Viel Spaß bei deiner Orgie mit Anna, Katharina und Sarah, vergiss nicht zu verhüten, wir wollen keine Geschlechtskrankheiten! Vielleicht komme ich nach, ich melde mich.«

Ich habe übrigens gerade nach Azads Profilen auf Facebook und Instagram gesucht: Keins von beiden existiert mittlerweile noch. Entweder hat er aus seinen Fehlern gelernt oder er ist jetzt als pferdegirl_31 in den sozialen Netzwerken unterwegs. Ich weiß es nicht und will es auch nicht wissen. Ich werde mir jetzt unter dem Decknamen Julian eine Pizza bestellen. Mahlzeit und buon appetito!

KAPITEL 17

Schick Standort oder ich ruf die Polizei!

»Ist alles okay?«, schrieb mir meine Freundin Eli schon zum dritten Mal an dem Abend, als ich mein Date mit dem vorhin erwähnten Fabian hatte. Als er aufs Klo ging, schickte ich ihr ein Daumen-hoch-Emoji – ebenfalls das dritte an diesem Abend.

»Ich will deinen Standort, Julia!«, erinnerte sie mich. »Sag Bescheid, wenn du nach Hause gehst. Wenn dein Standort an irgendeinem komischen Ort ist, ruf ich die Polizei. Und wenn du ein Ananas-Emoji schickst, dann auch.«

Ich verdrehte die Augen, war aber insgeheim froh darüber. Auch wenn Fabian sich als relativ schmal und noch dazu einen Kopf kleiner als ich herausgestellt hatte und ich ihn wahrscheinlich easy hätte umnieten können, war es ein gutes Gefühl, jemanden zu haben, der auf mich aufpasste. Ich hatte Eli gerade noch davon abhalten können, mitzukommen und sich »unauffällig« an den Nebentisch zu setzen. Im Nachhinein bereute ich, ihr das ausgeredet zu haben, sie hätte mich vielleicht vor einem erneuten Redeschwall von Fabian retten können. Er hatte mir vor seinem Toilettengang von der Band erzählt, in der er Mitglied war. Ich hatte erfahren, dass er den Altersschnitt seiner Band um 40 Jahre drückte, weil die anderen Mitglieder alle um die 100 waren. Einer von ihnen spielte Blockflöte und hieß Hans. Fabian hatte angekündigt (oder angedroht), mir nach der Klopause ein Video seiner Band zu zeigen. Ich war noch nicht betrunken genug dafür, wollte aber auch nicht riskieren, ihn mir unnötig schönzutrinken, deshalb trank ich brav Vanillespritzer und Wasser im Wechsel. Immerhin würde mein Körper mir das morgen früh danken.

»Du musst nicht die Polizei rufen, mit dem werde ich schon fertig«, schrieb ich zurück. Dann fiel mir noch etwas ein: »Außer die Polizei kommt, wenn einen der Typ emotional fertigmacht.«

»Wieso macht er dich emotional fertig? Was ist passiert?«

»Er redet mir zu viel. Bin schon wie gerädert.«

»Ach so, ich dachte schon, es ist was Schlimmes.«

»Eli, es IST schlimm.«

»Kannst du jetzt abhauen, während er auf dem Klo ist?«

Das war eine Überlegung wert. Warum bin ich nicht selbst draufgekommen? Genau deshalb schreibt man mit seinen Freundinnen, wenn das Date auf dem Klo ist. Nur bin ich leider zur Höflichkeit erzogen worden. Danke für nichts, Mama.

»Fürchte, das schaffe ich nicht. Muss ja auch noch zahlen.«

»Zeche prellen?«, schlägt Eli vor.

»Das ist mein Lieblingslokal!!!«

»Wir finden ein neues, LAUF!«

»Aber Vanillespritzer! ☹«

»Geh nur noch in Lokale auf Blind Dates, die du nicht magst!«

Stimmt. Wenn ich bei diesem Date eine Sache gelernt habe, dann ist es diese.

»Ja eh. Ich werde das schnell abrappen und mir danach ein Eis holen.«

»Zwei Kugeln!«, kam prompt die Antwort. »Und wenn ich dich anrufen und rausholen soll, schick mir ein Schokoladen-Emoji!«

Ich kam nicht mehr dazu, ihr besagtes Schoko-Emoji zu schicken, weil Fabian in diesem Moment vom Klo zurückkam und weiterredete, bevor ich die Chance hatte, irgendwas zu sagen. Zum Glück kam dann der Kellner und wie die Story ausging, weißt du ja schon.

Wir verabschiedeten uns und ich ging mir ein Eis holen. Natürlich zwei Kugeln, wie Eli es befohlen hatte. Mein Energielevel war durch das Date auf dem Nullpunkt angelangt, wenn ich den Weg nach Hause noch schaffen wollte, brauchte ich mindestens 300 Kalorien.

Das Date mit Fabian hatte keinen einzigen Moment, der mir gefährlich vorkam. Da er so viel kleiner war als ich, musste ich nicht mal Angst haben, dass er auf die Idee kommen könnte, mich zum Abschied zu küssen. Er hätte es höchstens bis zur Mitte meines Halses geschafft.

Hätte er mich auch mal reden lassen, hätte es sogar ein richtig netter Abend werden können, bis zu der Stelle mit Hans, dem Blockflötenspieler.

Eli hätte sich also gar nicht den Abend freischaufeln müssen, um mich jede halbe Stunde zu fragen, ob es mir gut geht. Ich würde das auch jederzeit für meine Freundinnen machen, wenn sie ein Date mit einem Unbekannten haben. Ich würde den Typen vorher googeln, sein Bild in der Google-Bildersuche hochladen, ihn mir auf allen sozialen Netzwerken ansehen (natürlich getarnt als pferdegirl_31), seine Freund*innen und sein Elternhaus abchecken, Strafregister prüfen und dann ein Machtwort sprechen, falls ich es für nötig hielte.

Wenn er mir ganz suspekt vorkäme, würde ich mich sogar in die Nähe setzen und mich hinter einer Zeitung mit Gucklöchern verstecken. Oder ich würde mir einen lang gehegten Traum erfüllen und mir eine schwarze Perücke, eine riesige Gucci-Sonnenbrille und knallroten Lippenstift kaufen und mit gefaktem französischen Akzent am Nebentisch einen Kaffee bestellen. Um ehrlich zu sein, warte ich sehnsüchtig auf den Tag, an dem ich eine Freundin so zu ihrem Date begleiten darf. Falls das hier jemand liest, der eine solche Begleitung braucht: Hit me up, I'm your girl! Und dennoch finde ich es traurig, wie viele Sicherheitsmaßnahmen für Frauen vor einem Date notwendig sind oder einem zumindest in den Kopf kommen.

Wenn ich meine Freundinnen frage, was sie vor einem Tinder-Date machen, fallen die Antworten nämlich ähnlich aus wie bei mir: Typ googeln, Freundin regelmäßig informieren, nur an öffentlichen Orten treffen und danach nicht den direkten Weg nach Hause nehmen, falls er einem folgen sollte.

Wenn ich meine männlichen Freunde frage, was sie vor einem Tinder-Date machen, lautet die Antwort in neun von zehn Fällen: »Sack rasieren.«

DANN MACHST DU HIER EXCEL AUF UND KLICKST AUF »TABELLE ERSTELLEN« ...
ICH MACH DIESEN JOB SEIT 15 JAHREN!

KAPITEL 18

Ja, erklär mir meine Regel, Markus!

»Ich bin nächste Woche bei Standup 3000 von Comedy Central in Köln, checkt euch Tickets«, postete ich im März 2022 in meiner Instagram-Story. Es dauerte nicht lang und ich bekam eine Antwort von Philip42 (Name von der Redaktion geändert): »Das wird auch im Fernsehen ausgestrahlt.«

Danke, dass du mir das erklärst, Philip! Ohne dich wäre ich da komplett underdressed und mit fettigen Haaren hingelaufen und hätte mir gedacht: »Easy, Comedy Central ist ein Radiosender, das sieht eh keiner.« Was bin ich nur für ein dummes kleines Blondchen, das sich nicht drüber informiert, wo es auftritt, seine Verträge nicht liest und auch sonst keine Ahnung von seinem Job und vom Leben hat! Zum Glück gibt es so aufmerksame Menschen wie Philip, die sichergehen, dass ich nicht volle Kanne ins offene Messer renne. Jetzt brauche ich nur noch einen Jonas, der mir erzählt, wie meine Jokes noch besser werden, dann wird dieser Auftritt vielleicht ganz in Ordnung, obwohl ich inkompetent as fuck bin.

Ich weiß nicht, warum viele Männer so oft das Gefühl haben, sie müssten Frauen die Welt (oder sogar deren eigenes Fachgebiet oder ihren Charakter, wie im folgenden Fall) erklären. Das empfinde übrigens nicht nur ich so, das ist ein Phänomen, das so häufig auftritt, dass es dafür einen Fachbegriff gibt: Mansplaining.

Ich habe mich einmal öffentlich drüber echauffiert, dass mein Beruf bei Menschen oft die Erwartungshaltung erzeugt, auch privat dauernd lustig sein und Witze reißen zu müssen.

Und dass mir Menschen dann (selbstverständlich ungefragt) mitteilen, wie komisch sie es fänden, dass ich Comedienne sei, wo ich doch so ruhig sei. Daraufhin schrieb mir Toni auf Instagram, ich zitiere: »Man ist privat schon etwas, was man macht. Aus eigener Erfahrung kann ich sagen, Comedians sind auch privat lustig. Sie erzählen halt keine Witze oder machen ihr Programm und sind normale Menschen, aber man kann viel lachen mit ihnen. Oft kommt ja viel aus dem Privatleben, was sie dann auf lustig pushen. Allerdings ist dein Humor kein fröhlicher Gute-Laune-Humor. Sarkastisch wirst du auch privat sein.«

Hach ja, Toni. Aus *meiner* eigenen Erfahrung *als Comedienne, die diesen Beruf auch tatsächlich ausübt,* kann ich dir sagen, ich bin definitiv nicht immer lustig und sarkastisch und viele Comedians, die ich kennengelernt habe, *weil wir in derselben Branche arbeiten,* sind privat die fadesten Menschen ever. Aber ja, meine Erfahrung als direkt Betroffene ist natürlich nicht so viel wert wie deine, du hast da als Außenstehender sicher mehr Einblick, der mir für immer verborgen bleiben wird.

Weil das so oft falsch verstanden wird: Ich habe absolut nichts dagegen, wenn mir jemand etwas erklärt, von dem ich tatsächlich keine oder wenig Ahnung habe. Ich freue mich, wenn mir jemand vor einem Sunrise-Avenue-Konzert sagt, was »Samu, ich finde dich heiß« auf Finnisch heißt, damit ich den Sänger beeindrucken kann (ja, ich weiß, dass der perfekt Deutsch spricht, hier geht es ums Prinzip). Ich bin heilfroh, wenn mir jemand was über Bildbearbeitung erzählt, weil meine Photoshop-Kompetenz darin besteht, Photoshop zu öffnen, vor Verzweiflung zu weinen und Photoshop wieder zu schließen. Wenn ich in einer fremden Stadt bin und verloren wirke, weil ich keinen Akku mehr habe, will ich jeden Menschen vor Glück umarmen, der sich meiner annimmt und mir den Weg zeigt, und dann ist es mir auch scheißegal, ob die Person ein Mann ist. Ich fasse zusammen: Wenn ich tatsächlich keinen Tau habe, was ich gerade mache, bin ich wirklich froh, wenn mir jemand hilft, weil es dann wirklich eine Hilfe ist. Das ist es aber nicht, wenn es um etwas geht, wovon ich ganz klar mehr verstehe als der Typ, der mir gerade die Welt erklären will. Und ja, es sind leider so gut wie immer Typen.

Es fängt doch schon bei dieser einen Situation an, die jede Frau kennt, die schon mal in einer größeren Stadt mit dem Auto gefahren ist und versucht hat, parallel einzuparken. Ich kann das tatsächlich ziemlich gut – frag den Boy, der dabei war, als ich den bereits erwähnten fetten Möbeltransporter auf einer vielbefahrenen Hauptstraße rückwärts perfekt parallel zum Gehsteig eingeparkt habe. Und dennoch: Jedes Mal, wenn ich einparke, kann ich mich darauf verlassen, dass in der Nähe ein Mann stehen bleibt und mich dabei anstarrt. Wenn er ganz motiviert und hilfsbereit ist, kommt er sogar dazu und versucht, mich einzuweisen, obwohl ich bestens allein klarkomme. Ich fahre Auto, seit ich 16 bin, Manfred, hör auf, mich ungefragt zu bevormunden! Dann macht mich dieser Dude nervös, ich verkacke alles, obwohl in die Parklücke ein Airbus reingepasst hätte, und danach heißt es wieder, Frauen können nicht einparken. Danke für nichts.

Ich habe inzwischen angefangen, genau zu beobachten, wer in meiner Nähe rückwärts einparkt. Wenn es ein Mann ist, stelle ich mich daneben, starre ihn an und fange dann an, ihn einzuweisen.

»Jaaa, noch ein bisschen weiter einschlagen, du schaffst das!«, rufe ich ihm dann gerne zu und wenn er dann aussteigt, lobe ich ihn für diesen schweren Akt und gehe weiter.

Ich habe noch ein anderes schönes Beispiel: Ich habe früher fünfmal die Woche geboxt, über drei Jahre lang. Ein Bekannter von mir betreibt ein Group Fitness Studio und in manche seiner Kurse baut er Boxmoves ein. So zum Beispiel den sogenannten Cross, den er komplett falsch schlägt. Zur Erklärung: Man steht beim Boxen mit beiden Füßen versetzt, bei Linkshänder*innen ist der rechte Fuß vorn und umgekehrt (hier haben sich übrigens auch immer Männer dazu berufen gefühlt, mir zu erklären, dass ich falsch stehe, weil mein rechtes Bein vorne ist. Die Wahrscheinlichkeit, dass ich nach drei Jahren Boxerfahrung keine Ahnung habe, wie man richtig steht, ist in ihren Augen wohl höher, als dass ich Linkshänderin bin und komplett richtig stehe). Ein Jab ist ein gerader Schlag mit der Hand, die vorn ist. Ein Cross ist ebenfalls ein gerader Schlag, nur mit der hinteren Hand. Das hat mein Kumpel nicht verstanden, er hat seine Crosses so geschlagen, wie man es intuitiv machen würde, wenn man den Namen hört: seitlich vorn am Körper vorbei, sodass die Arme, wenn man gleichzeitig schlagen würde, sich vor dem Körper kreuzen würden. Ich habe ihn unter vier Augen darauf hingewiesen, und er erklärte mir, *ich* hätte diesen Schlag falsch verstanden, so wie er ihn machen würde, sei das richtig. Er hat mir dann Stunden später noch mal eine Sprachnachricht geschickt und mir erklärt, er hätte noch mal in seinen (selbst geschriebenen!) Unterlagen nachgeschaut und da sei der Cross so beschrieben, wie er ihn gemacht habe. Mit seiner Version würde man nicht mal ansatzweise die Kraft aufbringen, jemanden so zu schlagen, dass es wirklich weh täte. Aber was weiß ich schon, ich habe den Sport ja nur über drei Jahre in verschiedenen Studios gemacht. Außerdem bietet er in seinem Studio Yin Yoga an und jedes Mal, wenn ich eine Instagram-Story aus diesem Kurs sehe, in dem die Menschen ihren Rücken in vorgebeugten Positionen bis zur Besinnungslosigkeit runden, bekomme ich nur vom Hinsehen einen halben

Bandscheibenvorfall. Aufgrund von #Crossgate, wie ich den Boxmove-Vorfall seitdem nenne, hätte ich es besser wissen müssen, aber als wir mal privat nach dem Sport zusammen gedehnt haben, habe ich ihn drauf hingewiesen, dass er zumindest seinen unteren Rücken nicht so dermaßen runden sollte, da das nicht besonders gut für die Bandscheiben ist. Du kannst dir die Antwort wahrscheinlich schon denken: »Im YiN yOgA dArF mAn DaS.« Okay, was weiß ich schon? Ich habe ja nur eine 200-Stunden-Yogaausbildung und er nicht, aber seine selbst geschriebenen Notizen sind sicher zuverlässiger.

Mein Instagram-Channel ist übrigens ein regelrechter Mansplaining-Planet. Einmal postete ich dort eine Story meiner Wohnung, nachdem ich nach einer Woche in Deutschland wieder nach Hause gekommen war, mit dem Untertitel: »Meine Stadt, mein Zuhause, mein Viertel, meine Gegend, mein Palast.« Daraufhin fühlte sich jemand Fremdes berufen, mir zu schreiben: »Du bezeichnest dich als Deutschrap-Fan, aber kannst nicht mal Mein Block von Sido richtig zitieren.« Der Song, den ich zitiert habe, war allerdings nicht *Mein Block*, sondern *Wie Papa*, ebenfalls von Sido. Aber richtiger Deutschrap-Fan ist man offenbar erst dann, wenn man nicht mal den Song richtig erkennt.

Ein andermal postete ich ein Foto, auf dem ich eine Kunstpelzjacke trug. An sich nichts Verwerfliches. Sah Manuel natürlich anders. Er schrieb mir: »Hey, Julia. Ich bin mir sicher, dass deine Jacke aus Kunstpelz ist. Besser wäre es aber natürlich ohne. Du vermittelst anderen

Menschen mit deiner Kleiderwahl, dass es cool ist, Tiere zu tragen. Das ist nicht nur in puncto Pelz problematisch, sondern auch beim Thema Merinowolle. Du hast ja keine Ahnung, was da teilweise abgeht in der Produktion, aber es wäre gut, wenn du dich informierst, ich schicke dir mal ein paar Links.«

Eigentlich hatte ich schon bei »Besser wäre es aber ...« aufgehört zu lesen, weil es mich in neun von zehn Fällen nicht interessiert, was andere Menschen für »besser« erachten würden, wenn ich nichts Verwerfliches getan habe. Und ich finde, Kunstpelz zu tragen, darüber aufzuklären, dass meine Jacke aus Kunstpelz ist und damit vielleicht andere Leute zu motivieren, ebenfalls eine coole KUNSTpelzjacke zu kaufen, ist nicht verwerflich. Wenn ich »Nur echter Pelz ist guter Pelz« in meine Caption geschrieben hätte, fein, hätte ich eingesehen. Aber in diesem Fall ging es mir wirklich nicht in den Kopf. Vor allem wusste ich nicht, wie dieser Manuel von Pelz auf Merinowolle kam. Aber eins weiß ich: so ziemlich alles über Merinowolle, da ich mal als Webtexterin gearbeitet habe und auf edle Wollsorten spezialisiert war. Daher wusste ich plötzlich auch, warum mir der Link zu dem Artikel, den Manuel geschickt hatte, so bekannt vorkam. Lassen wir uns das genüsslich auf der Zunge zergehen: Es war ein Link zu einem Artikel, den ich selbst geschrieben hatte.

Aber nein, Manuel, natürlich habe ich keine Ahnung, was in der Merinowollproduktion abgeht, erzähl mir mehr davon!

Oder vielleicht magst du dazu übergehen, Frauen zu fragen, ob sie von einer Thematik, über die du sie gleich belehren willst, schon Ahnung haben? Möglicherweise sogar mehr als du?

Einmal, als ich gerade um die 24 000 Follower auf Instagram hatte, schickte mir ein fremder Typ ungefragt eine Nachricht mit dem Inhalt: »Wenn du einen YouTube-Channel einrichtest, könntest du noch mehr Follower bekommen. Meld dich, wenn du weitere Tipps brauchst!« Aus Interesse klickte ich das Profil des Typen an und siehe da: Er hatte 85 Follower. Kann ja sein, dass er eine Medienagentur betreibt und voll der Profi auf dem Gebiet ist und das nur ein Inkognito-Account von ihm war – den Eindruck, dass er mehr Ahnung als ich hatte, wie man Follower gewinnt, machte es dennoch nicht.

Apropos Follower. Mit Followern ist es manchmal wie beim Roulette im Casino: Mal gewinnt man, mal verliert man. Ist ja auch klar, Menschen kommen und gehen. Es gibt Phasen, da postet man öfter besseren Content und manchmal ... na ja, macht man das halt nicht. Ich habe manchmal wenig Inspiration und dann gehen halt ein paar Leute weg. Voll okay, ich entfolge auch regelmäßig Leuten, die ich nicht mehr so cool finde. Es gibt Phasen, da geht es mit den Followern nur noch bergab und die bringen mich ab einem gewissen Punkt auch zum Verzweifeln. Was braucht man dann? Richtig, eine Nachricht vom Onkel, der einem schreibt: »Deine Follower-zahlen gehen runter. Solltest wohl wieder mehr Witze posten.« Am nächsten Werktag bekam ich Post von ihm.

Es war ein Buch mit dem klingenden Titel *Grundlagen des Instagram-Marketings*. Und darin waren *wirklich* die absoluten Grundlagen, es fing an bei: »So erstellst du einen Instagram-Account.« So was weiß man schließlich nicht, wenn man auf organische Weise über 20 000 Menschen dazu bringen konnte, einem zu folgen. Onkel, falls du das gerade liest, ich weiß, es war lieb gemeint, aber ich würde mich freuen, wenn du in Zukunft mehr Vertrauen in meine Fähigkeiten hättest.

Wenn man Männern übrigens sagt, was Mansplaining ist, kommt in den meisten Fällen die Antwort: »Mansplaining gibt es nicht.« Danke für die gute Konversation, Bernhard!

Zum Glück passiert es mir mittlerweile nur noch selten, dass mir Männer meinen Job ungefragt erklären. Das heißt aber nicht, dass ich über andere Mansplaining-Fälle nicht genauso die Augen verdrehe. Einmal ist mir ein Mansplaining-Fall passiert, den ich so unglaublich fand, dass ich sogar Screenshots dieser Unterhaltung an eine große Instagram-Seite geschickt habe, die sie dann tatsächlich repostet hat. Es ging um das absolute Fachgebiet jedes Mannes. Du ahnst es wahrscheinlich schon: Die Unterhaltung drehte sich um die weibliche Periode. Ich hatte eine Story gepostet, in der ich das Vorhaben, kostenlose Periodenprodukte auf öffentlichen Toiletten auszulegen, unterstützte. Warum auch nicht? Bei all den Steuergeldern, die schon für den Bau des Berliner Flughafens und Politikergehälter draufgegangen sind, sind die paar Euro wohl auch schon Laterne.

Sah dieser Typ, nennen wir ihn Peter, natürlich anders.

»Das wäre faktisch gesehen unfair«, schrieb er mir. »Aber das wollen Frauen nicht wahrhaben. Genauso den Umstand, dass Männer mehr Kalorien am Tag verbrauchen, die ihnen auch nicht durch Essen vom Staat subventioniert werden. Wo ist das scheiß Problem, sich Tampons zu besorgen? Ach so, ja, wenn's ›plötzlich‹ passiert. Stimmt, ich bin auch immer total überfordert, wenn ich plötzlich aufs Klo muss. Es gibt auch Männer, die können sich keine Kondome leisten, und Männer, die sich die Extrakalorien nicht leisten können!«

Ach ja, stimmt! Ich vergaß, dass ich mir Klopapier auf öffentlichen Toiletten auch immer selbst mitbringen muss, weil's da keins gibt. Liegt schließlich in der Eigenverantwortung jedes erwachsenen Menschen, ständig eine Rolle mit sich rumzutragen für den Fall der Fälle. Und dass jeder Mann mehr isst als jede Frau auf diesem Planeten, hätte mir auch von vornherein klar sein müssen. Gut, dass er mir das erklärt hat. Auch das mit den Kondomen! Ich war ja auch noch so naiv zu denken, dass es das Problem der Frau sei, wenn sie schwanger wird, weil du dir keine Kondome leisten konntest, Peter, aber offensichtlich liege ich da auch wieder falsch.

Aber jetzt mal im Ernst, Peter: Eine Packung Kondome kostet deutlich weniger als ein hormonelles oder hormonfreies Verhütungsmittel für Frauen. Und wenn du dir selbst das nicht leisten kannst, kannst du dir *keine Kondome* noch weniger leisten.

Habe ich ihm natürlich genau so erklärt und dass die Periode ja nicht nur eine finanzielle, sondern auch eine körperliche Belastung sein kann. Wenn du jetzt denkst, dass er etwas eingesehen hat, muss ich dich leider enttäuschen – diese Geschichte ist frei erfunden. Ihr Jonathan Frakes.

Es kam sogar noch schöner: »Dass ihr Frauen solchen Hass entwickelt, hat mit fehlendem Selbstbewusstsein zu tun. Frau sein ist was Geiles. Da kann man es schon in Kauf nehmen, sich ein paar Tampons für 50 Cent einzustecken. Aber ne, lieber wird rumgeheult bis zum Gehtnichtmehr wegen 3 Cent Steuern pro Tampon und dass das 'ne globale Ungerechtigkeit ist. Diese Frauen wollen sich gar nicht wohl fühlen. Was die Schmerzen angeht: Frauen, die cool mit sich selbst sind, haben wenig bis gar keine. Ich weiß das, weil ich Exfreundinnen habe.«

Und wir wundern uns jetzt alle, warum die nicht mehr mit so einem Traumtypen wie dir zusammen sein wollen, Peter. Und bitte, warum erlaubt sich ein Cis-Typ überhaupt eine Meinung darüber, wie geil es ist, eine Frau zu sein???

Ich weiß nicht, wie es dir gerade geht, aber ich habe auch Jahre nach diesen Nachrichten noch das Bedürfnis, meinen (oder lieber seinen!) Kopf ganz fest auf die nächstgelegene Tischplatte zu knallen.

Aber konzentrieren wir uns mal aufs Positive: Er hat offenbar eine äußerst repräsentative Umfrage unter seinen drei Exfreundinnen durchgeführt, die zu dem Ergebnis kam, dass man einfach nur cool mit sich selbst sein müsse, um keine Regelschmerzen zu haben. Super! Das ist doch eine super Lösung für die Menschen, die unter Endometriose leiden. In Zukunft brauchen sie keine Schmerzmittel und Operationen mehr, sie müssen einfach nur ein bisschen meditieren und zwischendurch mal einen Baum umarmen. Hätte ich das mal gewusst, als ich noch eine Goldspirale und dadurch jeden Monat einmal die rote Hochzeit von Game of Thrones im Unterleib hatte! Da hätte ich mir die Ibu 600 jeden Tag zum Frühstück ja sparen können.

Ich hätte gern einmal in meinem Leben so viel Selbstbewusstsein wie ein Typ, der denkt, er könnte Frauen etwas über ihre Periode erzählen. Jede Frau, der ich einen Screenshot von dieser Konversation mit Peter gezeigt habe, hat mindestens ungläubig den Kopf geschüttelt und unkontrolliert über so viel Dummheit zu schimpfen begonnen. Und ausnahmslos jede davon würde ich als ziemlich im Reinen mit sich selbst bezeichnen – spricht wohl gegen Peters Theorie. Aber okay, meine Theorie ist ungefähr so repräsentativ wie seine.

Mittlerweile ist »Du bist wohl nicht cool mit dir selbst« ein Running Gag unter meinen Freundinnen und mir geworden, wenn eine von uns ihre Tage hat. Diese Konversation hat mich zwar unglaublich viel Kraft und Nerven gekostet, aber zumindest hat sie uns im Nachhinein mehrere Lacher beschert.

Es gibt tatsächlich immer ein paar Menschen (meistens auch Männer), die meinen, Peter verteidigen zu müssen mit Sprüchen wie: »Komm schon, du weißt ja nicht, ob er nicht vielleicht Gynäkologe ist und eine fachlich fundierte Meinung zu dem Thema hat«.

Doch, in diesem Fall kannte ich Peter zu meinem Leidwesen auch privat. Wir waren zusammen in einer Mastermind-Gruppe gewesen (die Zutrittsbarrieren waren nicht besonders hoch, wie du an Peter merkst) und haben uns über ein Jahr lang jede Woche per Zoom gesehen und uns gegenseitig dabei unterstützt, unsere Ziele zu erreichen. Das funktionierte ganz gut, weil alle Mitglieder jeden Monat 30 Euro bezahlten, um in dieser Gruppe zu sein, und wer einmal verkackte und seine Ziele nicht erreichte, verlor seinen Einsatz für diesen Monat und die Kohle wurde unter den anderen Mitgliedern aufgeteilt. Das System hatte allerdings eine Tücke, denn die anderen Gruppenmitglieder hatten sich alle bei einem Radical-Honesty-Seminar kennengelernt und seitdem dem Lügen abgeschworen – also sie waren alle von Grund auf ehrliche Menschen und sie waren *mit mir* in einer Gruppe. Kacke für sie. Ich war und bin nämlich eine notorische Lügnerin, wenn es mir oder einem höheren Zweck dient, und habe daher offiziell nur einmal gefailt (pro forma, damit die anderen nicht misstrauisch werden) und habe nicht nur meinen kompletten Einsatz zurückbekommen, sondern auch einen aliquoten Anteil an den Verlusten der anderen. Ich weiß, es war nicht die feine englische Art, aber ich habe Wirtschaft studiert, Leute, ich kann kein Arbitrage-Geschäft ausschlagen, wenn es sich so anbietet. Ich finde, ich habe das Geld

auch verdient, weil ich trotz meiner notorischen Unehr-
lichkeit immer noch diejenige war, die in dieser Gruppe
am meisten geschissen bekommen hat, denn ich habe
mir tatsächlich ernst zu nehmende Ziele gesetzt. Ich habe
mir regelmäßig vorgenommen, an meinem Buch oder
meinem Comedy-Programm zu schreiben, Italienisch zu
lernen oder fünf Mal pro Woche zum Sport zu gehen.
Und wenn ich es dann in KW 33 doch nur vier Mal zum
Sport geschafft habe, finde ich meine Leistung dennoch
beeindruckender als die von Peter, der seine Ziele zwar
erreicht hat, der sich aber vorgenommen hat, jeden dritten Tag einen Mittagsschlaf zu halten. Come on, Peter!
Wenn das hin und wieder mal passiert wäre, kein Ding.
Gibt immer Wochen, in denen man motivierter ist als in
anderen. Vollkommen legitim. Aber Peter nahm sich jede
Woche einfach nur solche Dinge vor. Das Höchste aller
Gefühle war, als er sich zusätzlich noch »jeden zweiten
Tag duschen« aufgehalst hat. Hätte ich Peter nicht schon
anhand des Joints, den er bei jedem Treffen rauchte, und
anhand der Tatsache, dass er über Aluminiumsalze
sprach, als hätten sie seinen Hund getötet, gemerkt, dass
mich sein Körpergeruch nicht unbedingt betören würde,
spätestens an dieser Stelle wäre ich mir dessen absolut
sicher gewesen.

Peter war außerdem zusätzlich mit einem anderen
Typen aus der Gruppe (der zusätzlich auch noch mein
Ex-Gspusi war, was die Sache noch ein bisschen seltsamer
für mich machte) in einer NoFap-Gruppe, sprich, sie hol-
ten sich einen drauf runter, sich keinen mehr runterzu-

holen. Warum sie das taten? »Aus gesundheitlichen Gründen« und »weil es uns dadurch viel besser geht und wir mit unserer Männlichkeit mehr im Einklang sind«. Spätestens an dieser Stelle nimmst du mir meine Lügen hoffentlich auch nicht mehr übel, sondern gönnst mir das Schmerzensgeld. Ich hatte also mehr Kontakt mit Peter und kannte mehr persönliche Details aus seinem Privatleben als mir lieb war und wusste daher, dass er keineswegs Gynäkologe, sondern Heilpraktiker war. Ein richtiger Mediziner würde wohl kaum aus gesundheitlichen Gründen auf Masturbation verzichten. Und auch wenn ich nicht alle Heilpraktiker*innen schlechtreden möchte, wissen wir doch, dass die Zugangsbeschränkungen für diesen Beruf jetzt nicht die höchsten sind und man für die Ausübung in Deutschland aktuell nur eine kleine Überprüfung hinlegen muss, mit der man zeigt, dass man anderen Menschen keinen Schaden zufügt. Und wenn man sich Peter so ansieht, dessen Aussagen ich durchaus als Gefahr für die Menschheit anerkennen würde, sehen wir ja, wie gründlich diese Überprüfung ist.

Bei diesem Gespräch gingen zwei Phänomene Hand in Hand: Mansplaining und die Bedrohung ihres privaten Wohlbefindens, die manche Männer offenbar empfinden, wenn es um kostenlose Menstruationsprodukte auf öffentlichen Toiletten geht. Das sei schließlich eine Diskriminierung von 50 Prozent der Bevölkerung – ja, ich weiß, jede Frau wird darüber wahrscheinlich hysterisch lachen. Aber hey, gut zu wissen, dass Peter mit seiner Männlichkeit im Reinen ist, oder?

Peter hat zumindest noch mit Kondomen und zusätzlichen Kalorien argumentiert, normalerweise kommt aber folgendes Argument: »Aber wir Männer kriegen doch auch keine Rasierklingen umsonst!!!«

Ich würde meine rechte Hand dafür ins Feuer legen, dass man diesen Kommentar unter jedem Instagram-Post zum Thema gratis Tampons findet. Ich nenne es: Rasierklingenarmut. Rasierklingenarmut beschreibt die Existenzbedrohung von Männern durch Bartwuchs, die auftritt, sobald der Vorschlag auftaucht, dass Frauen, die unerwartet von ihrer Periode besucht werden, einen kostenlosen Tampon auf einer öffentlichen Toilette finden sollten.

Absolut legitim, wie ich finde. Aber okay, der Bartwuchs kommt ja auch immer ganz unverhofft und wenn er einen dann in der Öffentlichkeit überfällt, müssen die armen Männer mit Spott und Hohn rechnen. Und total eklig ist so ein stoppeliges Gesicht auch! Richtig unhygienisch, was sich da alles sammeln kann. Das ist echt eine miese Art der Diskriminierung, die sich nur gegen Männer richtet, denn welche Frau rasiert sich schon? Bei uns ist es schließlich gesellschaftlich voll akzeptiert, wenn wir mit haarigen Achseln am See liegen.

Ich verstehe nicht, warum manche Männer sich so getriggert fühlen, wenn Frauen etwas kostenlos bekommen sollen und sie nicht. Ich rege mich, wenn ich an der Wurstheke vorbeigehe, auch nicht auf, weil Kinder immer eine Scheibe gratis bekommen und ich als Erwachsene nicht, obwohl ich nicht mal Wurst esse und das daher komplett außerhalb des Bereichs liegt, der mich in irgendeiner Form tangiert.

Meinetwegen können wir gerne auch kostenlose Tampons auf Männertoiletten auslegen, damit das gleiche Recht für alle gilt. Sollten wir sowieso, schließlich gibt es auch Transmänner, die durchaus noch welche davon brauchen könnten. Aber mal ehrlich, Cis-Guys: Seid doch verdammt noch mal froh, dass ihr nicht jeden Monat aus eurem Schwanz bluten müsst! Ich würde mich sofort stärker besteuern lassen, wenn mir dieser Scheiß dafür erspart bliebe.

Und, Peter, wenn du das hier liest, ein gut gemeinter Tipp von meiner Seite: Vielleicht wärst du doch etwas mehr mit dir selbst und der Welt um dich herum im Reinen, wenn du mal wieder masturbieren würdest. #Womansplaining

KAPITEL 19

Bad Boy oder einfach kranker Psycho?

»Ich stehe so auf Bad Boys!« Zitat aus jeder meiner heiß geliebten Trashsendungen, von so ziemlich jeder Frau darin, immer.

Meist wird dann als Beispiel für den ultimativen Bad Boy Christian Grey aus *50 Shades of Grey* angeführt. Oder sein polnisches Fanfiction-Pendant Massimo aus *365 Days*. Zu der Zeit, als ich noch jung war, war es Dr. Marc Meier aus *Doctor's Diary*. Auch wenn ich Florian David Fitz als Schauspieler immer noch super finde (meine Freundin Kathi und ich haben seinen Namen so oft in unserem Leben gesagt, dass es uns tatsächlich eine ordentliche Zeitersparnis gebracht hat, ihn irgendwann nur noch FDF zu nennen), muss ich mit einigen Jahren Abstand zur Serie sagen, dass es ziemlich frauenverachtender Bullshit ist, der da produziert wurde, und dass Dr. Marc Meier einfach nur ein Arschloch ist, dem ich heute im realen Leben so was von eine reinhauen würde. So jemanden kann man als Partner doch nicht ernsthaft gut finden. Ne danke, wenn ich jemanden brauche, der mich abwertend behandelt, um sich selbst geiler zu fühlen, gehe ich auf ein Familienessen.

In meiner Jugend gab es auch den Hype um *Twilight*, vor allem um den Protagonisten Edward Cullen. Und ja, auch ich finde Robert Pattinson sehr attraktiv, aber das Verhalten seiner Rolle ... nein. Einfach nein. Seine Anziehungskraft beruht darauf, dass er seine Angebetete die ganze Zeit ignoriert. Auch hier kann ich wieder zu einem Familienessen gehen und habe denselben Outcome. Und als er dann endlich aufhört, sie zu ignorieren, schleicht er sich nachts in ihr Zimmer und beobachtet sie, wenn sie schläft, und anscheinend findet das NIEMAND außer mir seltsam. In meiner Schulklasse hieß es dazu nur: »Ohhh, so süß, er beschützt sie im Schlaf!«

Nein, Leute. Meines Erachtens fällt das unter den Straftatbestand des Stalkings. Mal ehrlich, wie gefällt euch denn die Vorstellung, dass jede Nacht ein Typ in eurem Zimmer sitzt und euch beobachtet, während ihr schlaft? Ich finde das so was von gruselig. Selbst auf diese Frage haben viele damalige Freundinnen argumentiert, dass sie aber Angst davor hätten, nachts allein zu Hause zu sein. Alter. Du hast keine Angst, nachts allein zu Hause zu sein, Simone. Du hast Angst davor, nachts *nicht* allein zu Hause zu sein.

Wir halten fest: Robert Pattinson gut zu finden, ist absolut nachvollziehbar. Aber wenn man ihn in einer Rolle sehen will, in der man *wirklich* von ihm schwärmen kann, dann sollte man sich *Harry Potter und der Feuerkelch* ansehen.

Oder nehmen wir Christian Grey oder wie ich ihn nenne: kontrollsüchtiges Arschloch. Der Typ ist auch hart an der Grenze zum krankhaften Stalker. Er ist eifersüchtig as fuck auf jeden Typen, der mit der Protagonistin Anastasia redet, und will ihr am liebsten den Kontakt zu jedem männlichen Wesen außer ihm verbieten. Außerdem darf nur er sie anfassen, sie ihn aber nicht, und als sie ihre Hard und Soft Limits besprechen und sie meint, Analsex sei ein Hard Limit für sie, meint er nur: »Hätte ich aber schon mal gerne, das kommt nicht auf die Liste.«

Boy, wenn es für sie eine Grenze ist, hast du die zu respektieren. Ich dachte, das sei der Sinn dahinter, die Scheiße vorab zu besprechen, was übrigens *du* tun wolltest. Heißt du Christian Grey oder Bastian Yotta? Man sieht, ich bin kein großer *50 Shades of Grey*-Fan. Abgesehen davon, dass das alles so krank unrealistisch ist. Anastasia ist Jungfrau, hat aber keinen Würgereflex und hat Literatur oder so was studiert und findet sofort einen Job? Wenn ich Fantasy lesen will, bleibe ich definitiv bei Harry Potter.

Noch schlimmer finde ich *365 Days* auf Netflix. Wenn du ihn noch nicht gesehen hast, hier eine kurze Zusammenfassung: Ein Typ namens Massimo entführt eine Frau und gibt ihr 365 Tage Zeit, um sich in ihn zu verlieben. Ja, der Film ist so toxisch, wie er klingt.

Warum so viele Frauen auf diese Typen abfahren? Ich glaube, der Grund ist ebenso einfach wie oberflächlich: weil die gut aussehen.

Wenn ein dünner, pickliger, nach Wurst riechender Junge mit einem zugeklebten Brillenglas und einer fetten Zahnspange dich entführen und dir ein Jahr Zeit geben würde, sich in ihn zu verlieben, würde die auf Männer stehende Allgemeinheit sicher nicht denken: Wow, was für ein Typ, von dem würde ich mich gerne mal entführen und ein Jahr lang durchnudeln lassen!

Die Regel bei Männern ist einfach: »If he's cute, it's cute. If he's weird, it's weird.«

So habe ich mir auch mal ein früheres Date mit einem Fußfetischisten schöngeredet. Nichts gegen Fetische by the way, soll jeder Mensch auf die Dinge stehen, auf die er steht. Für jeden Topf gibt's einen Deckel und für jeden Schweißfuß einen Fetischisten. Aber niemand ist verpflichtet, jeden Fetisch im eigenen Schlafzimmer zu feiern, nur weil man tolerant sein möchte. Und ich finde es nun mal nicht so cool, jemandem meine Füße ins Gesicht zu strecken. Aber in der Datingphase, als ich den Typen noch gut fand, dachte ich mir: Oh, nice, mein Stiefpapa hat mir in meiner Jugend immer prophezeit, dass ich mit meinen Schweißfüßen niemals einen Typen finden würde. Na, was sagst du jetzt, Wolfi???

Und warum dachte ich, dass es Schicksal sei, dass ich nun einen Fußfetischisten getroffen habe? Richtig, weil er mir optisch gefallen hat. Wenn er ausgesehen hätte, als hätte er einen guten Sinn für Humor, wäre das Gespräch spätestens nach der Fußfetisch-Beichte für mich beendet gewesen.

Den Typen hätte man übrigens auch als Bad Boy bezeichnen können, denn auch er konnte sich überhaupt nicht festlegen, flirtete wie wild mit jeder Frau, weil er trotz selbstbewussten Auftretens und guten Aussehens insgeheim Komplexe hatte, und war ein krasser Narzisst. Gemeldet hat er sich nur, wenn es ihm gepasst hat, und das war meistens nachts. Und ja, auch ich war ihm damals ziemlich verfallen und hasse mich noch heute ein bisschen dafür, wie naiv ich war. Ich dachte, es gäbe noch Hoffnung und er wäre eigentlich der total liebe, sensible Typ, wenn er sich nur mal öffnete. Spoiler: Er ist ein guter Freund von Heilpraktiker Peter aus dem letzten Kapitel, du kannst dir also ausmalen, wie richtig ich mit meiner Prognose lag.

Das ist auch noch so eine Sache mit den lieben Bad Boys: Insgeheim hofft man, dass sie irgendwo doch eine gute Seite haben. Genau genommen hofft man, dass sie zu jedem Menschen dieser Welt ein Arsch sind, nur nicht zu *dir*. Zur Bad-Boy-Fantasie gehört nämlich der Wunsch, dass man selbst diejenige ist, die ihn *ändern* kann. Und klar ist das ein netter Gedanke, dass der größte Hundesohn der Welt zum handzahmen Kätzchen wird, sobald du ihn hinterm Ohr kraulst. Weil du die Eine bist, die ihn zu einem guten Menschen macht! Er macht vor der Welt einen auf furcht- und respektlosen Macho, aber zu Hause ist er total sensibel, liest dir zum Einschlafen Gedichte vor und macht sogar aus eigenem Antrieb den Abwasch. Sein Leben lang war er eigentlich nur ein gemeiner Vollidiot, weil er noch keine Frau wie dich an seiner Seite hatte und seine Mutter ihn nicht richtig geliebt hat.

Ich grusle mich vor mir selbst, wenn ich diesen Bull-shit, den ich selbst jahrelang gedacht habe, so reproduziere. Vor allem wird mir schlecht, weil ich so viel Zeit damit verschwendet habe, diesen Mist wirklich zu glauben. Leute, Realtalk: Solang dieser Typ nicht von einem Auto angefahren wird oder einen so festen Schlag auf den Hinterkopf bekommt, dass er vergisst, wer und wie er ist, wird er sich nicht ändern. Auch nicht für dich. Verbring deine Zeit mit etwas Sinnvollerem. Geh lieber zum Yoga oder such dir ein neues Hobby, das dich erfüllt. Oder starr in die Luft oder zupf dir alle Beinhaare einzeln mit einer Pinzette aus. Alles ist besser, als solchen Typen deine kostbare Aufmerksamkeit zu schenken. Sie verdienen sie nicht und bekommen stattdessen noch das Gefühl, alles richtig zu machen.

An mein Vergangenheits-Ich und alle, die denken, »Nice Guys« sind langweilig und unmännlich: Das. Ist. Bullshit.

Was ist bitte schlecht daran, sich Zuneigung nicht erst verdienen zu müssen, sondern sie einfach zu bekommen? Wieso finden wir es so viel besser, nur nachts Aufmerksamkeit zu bekommen, wenn der Typ wahrscheinlich betrunken und einsam ist, statt auch mal tagsüber mit ehrlichem Interesse gefragt zu werden, wie es uns geht? Wieso ist es »männlicher«, wenn ein Kerl sich nur für den Zustand unserer Brüste, aber nicht für den unserer Seele interessiert? WARUM?

Ich finde es zum Beispiel richtig schön, wenn mich jemand morgens fragt, ob ich gut geschlafen habe. Ohne

Hintergedanken, einfach weil es die Person interessiert. Am Anfang meiner letzten Beziehung hat der Boy das so gut wie jeden Tag getan und wir haben uns dann gegenseitig erzählt, was wir geträumt haben. Warum er das nur am Anfang gemacht hat? Nun, weil ich da noch deutlich unehrlicher war, was den wahren Inhalt meiner Träume angeht, und ich in meinen Erzählungen den ganz weirden Scheiß ausgelassen habe, weil ich mir dachte: »Julia, du hast jetzt einen Typen, dessen Hobbys Kochen und Massieren sind. Verschreck den jetzt bloß nicht, indem du ihm erzählst, dass du nachts davon träumst, wie du als Grinsekatze von *Alice im Wunderland* durch die Straßen ziehst und dabei Menschen, die dir nicht gefallen, in einen Einkaufswagen packst, nur um ihnen danach mit deinen Katzenkrallen langsam die Kehle aufzuschlitzen und ihr Blut an eine Blutbank zu spenden, die damit das Leben von Hunden retten können.«

Falls das jetzt hier jemand mit psychologischem Background liest, ich habe nie behauptet, dass ich nichts zu verarbeiten hätte. Auf die Frage, wie man Comedienne wird, antworte ich schließlich auch immer: »Es schadet nicht, das eine oder andere Kindheitstrauma zu haben.«

Da ich mich am Anfang dieser Beziehung noch als perfekte Frau ohne Probleme darstellen wollte, wurde aus besagtem Traum eine abgeschwächte Boy-Version: »Du, ich habe geträumt, ich bin als Grinsekatze durch die Straßen gezogen und sah dabei total sexy aus. Miau.«

Mit der Zeit kam allerdings das Vertrauen und ich erzählte dem Boy auch Träume wie den oben genannten im Detail und irgendwie nahm sein Interesse an meiner Traumwelt danach ab. Ich müsste lügen, wenn ich sagen würde, ich könnte es nicht verstehen. Jedenfalls fand ich es trotzdem immer sehr lieb, wenn er mich nach meinen Träumen fragte, wohl wissend, dass er es instant bereuen würde.

Mein Stiefpapa Wolfi ist für mich auch in vielerlei Hinsicht so ein Positivbeispiel. Er schüttelt sich zwar immer beim Gedanken daran, die rosa Vespa meiner Mama zum Service zu fahren, weil er meint, er würde damit komisch angeglotzt werden (er wohnt in Tirol, dem intolerantesten Bundesland Österreichs, also kann ich mir das auch gut vorstellen), aber er lässt es sich dennoch nicht nehmen, meiner Mama diesen Gefallen zu tun. Außerdem sind die beiden vor einiger Zeit auf den Trip gekommen, sich gegenseitig kleine (oder auch große) Plüschhasen zu schenken. Ich war mit Wolfi mal in einer Autobahnraststätte, an die ein kleiner Geschenkeladen angeschlossen war, und er sagte zu mir: »Schauen wir mal, ob wir ein Häschen für deine Mama finden.« Wir haben tatsächlich eins gefunden und es saß im Auto dann natürlich auf meinem Schoß, damit es die Gegend erkunden konnte. Meine Mama hat auch immer ein kleines Häschen in der Tasche, das sie dann in jedes Foto reinsetzt, das sie Wolfi schickt. Wir sitzen in der Toskana bei einem Aperol Spritz – Häschen wird ausgepackt und für ein Foto in die obligatorische Chips-Schüssel gesetzt. Wolfi freut sich über diese Fotos wie ein kleines Kind. Und wir müssen danach Chipskrümel vom Hasenhintern entfernen.

Während ich das tippe, denke ich mir nur: Hoffentlich klingt das nicht, als hätten wir alle eine Entwicklungsstörung. Ich schwöre, wir sind alle erwachsene Menschen, die ihr Leben im Griff haben – nur bei Plüschhasen sind wir ein bisschen kindisch und finden sie toll. In meiner Wohnung kann man mittlerweile auch in jedem Zimmer mindestens einen Hasen finden und ich liebe es.

Aber zurück zum Thema: Wird Wolfi jetzt unmännlich, weil er die rosa Vespa meiner Mama zum Service fährt oder uns hin und wieder einen süßen Plüschhasen schenkt? Oder wird ein Boy unmännlich dadurch, dass er sich für mein Leben und meine Träume interessiert? Meiner Meinung nach ist genau das Gegenteil der Fall.

Und überhaupt – warum ist »unmännlich« so ein schlimmes Wort? Was hat das klassische Bild von Männlichkeit uns denn bisher gebracht? Geschlechterrollen, in denen Männer nie Gefühle zulassen dürfen, um diese dann an irgendeinem Punkt mit übertriebenem Risikoverhalten oder Aggressionen zu kompensieren. Dann haben wir im besten Fall alkohol- und spielsüchtige Typen und im schlimmsten Fall Prügeleien, Femizide oder Kriege. Ganz toll. Vielleicht ist im klassischen Sinne unmännlich zu sein gar keine Schwäche, sondern eine Stärke. Weiblich zu sein ist schließlich auch klasse. Wir könnten alle ein bisschen mehr Weiblichkeit vertragen. Dann würden wahrscheinlich auch alle bessere Beziehungen führen.

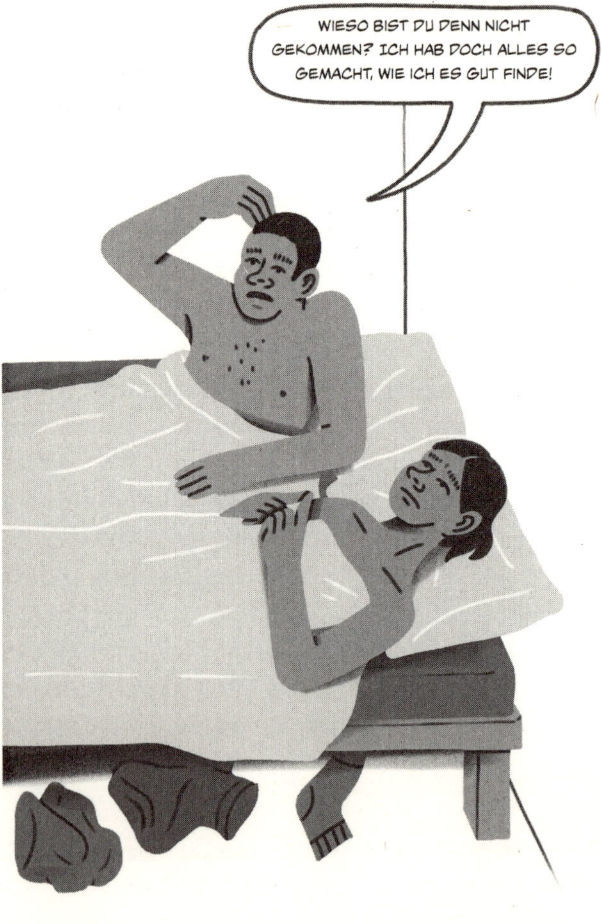
WIESO BIST DU DENN NICHT GEKOMMEN? ICH HAB DOCH ALLES SO GEMACHT, WIE ICH ES GUT FINDE!

KAPITEL 20

Komm schon!

»Ein kompletter Abturn für mich wäre es, wenn der Typ mich nur lecken will und sonst nichts, das fände ich furchtbar.« – Zitat von Arielle aus *CoupleChallenge* Staffel 3. Du merkst es vielleicht, für dieses Buch packe ich nur die größten Poesie-Genies unserer Zeit aus. Ich liebe ja Trash-TV über alles, aber bei diesem Zitat habe ich kurz den Kopf geschüttelt. Again: No judgement, jeder Mensch soll stehen, worauf er steht, und ich stecke ja auch nicht in der Person drin und kann daher nicht beurteilen, was sich für sie gut anfühlt und was nicht.

Ich kann nur mal in Fakten sprechen: Es gibt ihn, den Orgasm-Gap. Man sollte meinen, wenn Frauen schon tendenziell weniger verdienen und den Großteil der Care- und Hausarbeit übernehmen, sollten sie zumindest abends im Bett mit Orgasmen überhäuft werden. Aber das Gegenteil ist der Fall. Im Gegensatz zu Peter aus dem Mansplaining-Kapitel habe ich hier keine lächerliche Studie mit meinen Expartnern durchgeführt (die würde vermutlich aber zu einem noch schlechteren Ergebnis führen). Es war nicht nötig, denn das hat schon ein US-amerikanisches Forschungsteam erledigt und 52 000 Leute befragt. Was bin ich froh, dass sie das getan haben, durch so viele Betten würde ich mich definitiv nicht schlafen wollen. Und es würde mir vermutlich auch nicht viel Befriedigung bringen, denn das Ergebnis dieser Studie lautet: 95 Prozent der heterosexuellen Männer kommen meistens oder immer beim Sex zum Orgasmus, bei den heterosexuellen Frauen sind es nur 65 Prozent.

»Jaaaa, aber der weibliche Körper ist auch viiiiiiel komplexer und Frauen haben einfach weniger Lust, das ist nun mal so«, höre ich die Stimme eines Exfreundes im Kopf. Hm, wie erklärt man es dann, dass bei lesbischen Frauen 86 Prozent regelmäßig einen Orgasmus beim Sex erleben? Face it, Thomas, du bist einfach eine faule Sau, die's nicht draufhat und ihre Komplexe mit Aber-der-weibliche-Körper-Mimimis kompensieren muss. Sorry, not sorry. Wenn's mit Frauen klappt, scheint es also nicht allein an den Frauen und ihrer angeblich generell verminderten Orgasmusfähigkeit zu liegen.

Ich plaudere mal aus dem Nähkästchen und bitte meine Eltern an dieser Stelle, zum nächsten Kapitel vorzublättern. Es sieht so aus, als ob mein letzter Partner der Einzige war, mit dem ich einen annähernden Orgasmus-Gleichstand hatte. Bei meinem vorigen Partner schätze ich das Verhältnis im Nachhinein auf etwa 20:1 für ihn, bei allen Typen, mit denen ich davor geschlafen habe, kam ich überhaupt nicht. Die Typen, die im Alltag groß »Ladies first« schreien, wenn sie einer Frau die Tür aufhalten, vergessen diesen Grundsatz im Bett leider viel zu oft.

Und das ist schlicht und ergreifend unfair. In den meisten Fällen liegt es nicht daran, dass Frauen »halt einfach schwerer oder gar nicht können« oder dass es »ihnen nicht so wichtig ist, sie können schließlich keine blauen Eier kriegen«. Wenn eine Frau sich selbst mit ihrer eigenen Hand zum Orgasmus bringen kann, aber der Typ es nicht schafft, wer ist dann das Problem, der Mann oder die Frau? Die Frau, wenn man der Allgemeinheit Glauben schenken mag! Ich habe den Orgasm-Gap in Recherche für dieses Kapitel gegoogelt, um dir keine falschen Zahlen zu nennen. Im ersten Artikel, den ich angeklickt habe (vom BR, falls es dich interessiert), steht gleich in der ersten Infobox folgende Phrase: »Tipps für mehr Lust: Wie Frauen den Orgasm-Gap überwinden«.

Hä?

Wieso ist das denn jetzt schon wieder unsere verfickte Aufgabe? Wenn wir mit einem Typen schlafen, der mal etwas länger braucht oder schwerer zu erregen ist, wird doch auch von uns erwartet, dass wir uns auf ihm abrackern, bis unsere Beine und unsere Kiefer ein einziger Muskelkater sind. Wieso richtet sich das Hilfsangebot für mehr weibliche Orgasmen dann bitte ausschließlich an Frauen? Lasst doch mal Männer den Orgasm-Gap überwinden, die verursachen ihn schließlich! Wir erinnern uns, für Frauen ist es anscheinend nicht so das große Problem!

Diese Überschrift hat für mich ähnliche Vibes wie die

Empfehlung des österreichischen Innenministeriums, Frauen sollen bitte achtsam nach draußen gehen und einen Selbstverteidigungskurs besuchen, damit sie nicht überfallen werden, statt mal bei denjenigen anzusetzen, die überfallen – oder, wie in diesem Fall, es im Bett nicht draufhaben.

Ich will gar nicht leugnen, dass es manche Männer sicher schwer mit diesem Thema haben, weil es immer noch so viele Frauen gibt, die sich nicht trauen, ihre Wünsche offen zu kommunizieren. Und ja, ein weiblicher Körper ist etwas komplexer als ein durchschnittlicher Penis, an dem man nur ein wenig auf und ab wedeln muss, bis er sein Ziel erreicht hat (was übrigens auch nicht immer so ist, aber tendenziell schon). Aber warum lässt man dann Frauen Orgasmus-Seminare besuchen und nicht Männer? Die hätten es anscheinend nötiger.

Und ja, es fällt Frauen oft schwer, sich fallen zu lassen und sich im Bett wichtig zu nehmen, und es gibt so viele Frauen, mich eingeschlossen, die schon mal einem Mann gesagt haben, dass er aufhören soll, sich zu bemühen, oder einfach einen Orgasmus vorgespielt haben, weil sie »zu lang brauchen«, obwohl da mit ein wenig Geduld durchaus noch was gegangen wäre. Falls du das schon mal gesagt oder gedacht hast, möchte ich dir hiermit sagen: Hör auf damit. Sex ist eine Gemeinschaftsaktivität und soll beiden Spaß machen, und wenn du dich um seinen Spaß bemühst, hast du es verdient, dass er sich die Mühe ebenfalls macht. Im Gegensatz zur Vagina ist Spaß am Sex keine Einbahnstraße. Flachwitz, haben wir.

Außerdem, wenn wir schon das »Aber Frauen trauen sich nicht, ihre Wünsche offen zu kommunizieren«-Argument bringen wollen, sollten wir uns vielleicht mal fragen, warum das wohl so ist. Wird die Fähigkeit, sexuelle Wünsche und Fantasien zum Ausdruck zu bringen, etwa rezessiv auf dem X-Chromosom vererbt so wie die Rotgrünschwäche und tritt daher bei Männern deutlich häufiger auf als bei Frauen? Ich denke nicht (und auch eine befreundete Humangenetikerin nennt das Bullshit – nur damit ich hier nicht den Eindruck erwecke, ich würde für dieses Buch nicht ordentlich recherchieren).

Wie so häufig liegt das Problem wohl weniger in der Biologie als wieder mal in der Sozialisierung: Schon kleinen Mädchen wird doch beigebracht, immer lieb zu sein, sich kooperativ zu zeigen und sich selbst lieber zurückzunehmen, während Jungs immer gedrillt werden, sich durchzusetzen. Wenn Mädchen sich durchsetzen oder Wünsche äußern, werden sie als rechthaberisch und herrisch bezeichnet und sind blöde Kühe – was bilden die sich eigentlich ein? Eigene Wünsche, pff. Ich bemühe mich zwar stets, alles, was vor meinem 20. Geburtstag passiert ist, so gut es geht zu verdrängen, aber an eine Sache kann ich mich noch sehr klar erinnern. Jedes Mal, wenn mich andere Kinder geärgert haben (und das ist oft passiert, weil Kinder leider sehr grausam sein können), wurde mir gesagt: »Ignorier es einfach, die Klügere gibt nach.« Als Kind habe ich das nicht hinterfragt, aber es hat mich für mein Erwachsenenleben schon sehr geprägt, auch im Bett. Partner wollte etwas, das ich nicht wollte, und gab sich nicht mit einem Nein zufrieden? Dann bekam er natürlich irgendwann seinen Willen, denn »die Klügere gibt nach«. Oder Oma will ein Küsschen, du möchtest ihr aber keins geben? Wurde nicht akzeptiert, »es gehört sich schließlich so« - wieder ein Fall, in dem die körperlichen Grenzen eines Kindes übergangen wurden. Das kann ein Kind dahingehend prägen, körperliche Grenzen eher als grobe Richtlinien zu sehen. Falls du diese Sätze selbst schon mal zu einem kleinen Kind gesagt hast, magst du dir das nach dieser Erzählung vielleicht noch mal überlegen.

Man startet also mit einer Sozialisierung auf Unterwürfigkeit ins Leben, soll aber dann als Erwachsene ein Vamp im Bett sein, der sich nimmt, was er will (weil der Mann ja offenbar in vielen Fällen auch nicht in der Lage ist, das selbst herauszufinden). Merkt ihr eh selbst, oder?

Zu den eigenen Bedürfnissen zu stehen (und sie sich selbst erst mal zuzugestehen), erfordert viel Kraft, vor allem, wenn man von klein auf beigebracht bekommt, dass das falsch und egoistisch sei - vor allem, wenn es dabei um so intime Dinge wie die eigene Sexualität geht.

Außerdem, ich habe es schon angesprochen: Jungs werden von klein auf eher als Mädchen ermutigt, der Boss zu sein und sich zu nehmen, was sie wollen - das inkludiert selten, Rücksicht auf die Bedürfnisse und Wünsche von anderen zu nehmen. Und wenn »die Klügere nachgeben« soll, führt das genau dazu, dass männlich sozialisierte Menschen im Bett eher ihren Willen bekommen und weiblich sozialisierte halt eher nicht.

Und wenn dann in der Jugend auch noch Pornos dazu-kommen, wird diese Sozialisierung gleich noch mal ver-festigt: »Hey, schau mal, wir zeigen dir Sex und dabei geht es nur darum, dass *du* deinen Spaß hast, und die Frau ist nur dazu da, deine Bedürfnisse zu befriedigen und sich von dir ins Gesicht spritzen zu lassen.«

Wir leben in einer Gesellschaft, die Sexkauf akzep-tiert und legalisiert und damit vermittelt: Eine Frau ist eine Ware, die jederzeit zur Verfügung zu stehen hat und deren Konsens man mit Geld umgehen kann, scheiß-egal, wie sie sich dabei fühlt und ob es ihr Spaß macht. Ich möchte nicht für die Opfer von (Zwangs-)Prostitu-tion sprechen und auch nicht sagen, dass es nicht Frauen gibt, die das als normalen Job sehen, den sie aus Spaß an der Freude ausüben. Wenn es so ist, go for it. Ich weiß nur, dass ich nicht in einer Gesellschaft leben möchte, in der es so normal und akzeptiert ist, dass ein Geschlecht das andere kaufen kann – für den Preis, dass so viele Frauen darunter leiden müssen und ausgebeutet wer-den. Der Gedanke, dass Sex nur für den Mann da ist und man Frauen mit Geld oder anderen Gegenleistungen dazu bringen kann, Sex zu dulden, auf den sie nicht wirklich Bock haben, hört ja nicht in einem Bordell auf, sondern geht dort weiter, wo ein Mann glaubt, er hätte einen Anspruch darauf, mit zu dir nach Hause zu kom-men, nur weil er dich zum Essen eingeladen hat.

Wenn überhaupt, ist der Orgasm-Gap also ein gene-relles Problem und kein reines Frauenproblem. Wir müs-sen diese Mann-Frau-Sozialisierung aus allen Geschlechtern rauskriegen, und das ist für alle harte Arbeit. Lohnt sich aber, wenn man dafür besser bumsen kann. Und ja, wenn der Sex für Frauen besser wird, wirkt sich das auch positiv auf Männer aus – schließlich haben Frauen dann wesentlich seltener »Kopfschmerzen« (dass man die überhaupt so häufig vorschieben muss, um Sex aus dem Weg zu gehen, ist noch mal ein Armutszeugnis für sich).

Pro-Tipp, wenn du einen Mann hast, der dich selten zum Orgasmus bringt, aber selbst immer drauf besteht, fertig zu machen: Einfach ihn mal machen lassen und dann, wenn du deinen Spaß hattest, umdrehen und schlafen gehen und ihn blöd aus der Wäsche schauen lassen. Wenn es ihn schon nicht zum Umdenken bewegt, bringt es einem selbst zumindest einen Moment lang sehr viel Spaß. (Bitte nur in stabilen Beziehungen nachmachen, in denen der Partner nicht zu Gewalt neigt! Wenn er das tun sollte, such dir bitte Hilfe!)

Das habe ich mal bei meinem letzten Ex gemacht. Der wollte nämlich jedes Mal, wenn ich meine Periode hatte (und mich vor Schmerzen gekrümmt habe, wir erinnern uns an das Goldspiralen-Drama), dass ich ihn in dieser Zeit anderweitig befriedige. Da ich am Anfang dieser Beziehung absolut kein Selbstwertgefühl hatte, habe ich das länger mitgemacht, als ich im Nachhinein zugeben möchte. Dann irgendwann wurde es mir zu blöd, weil er sich umgekehrt nie um meine Bedürfnisse gekümmert hat, obwohl Orgasmen eigentlich gut dazu geeignet sind, Regelschmerzen zu lindern. Als ich dann wieder regelfrei war, ließ ich ihn sich bei mir so richtig abrackern und habe mir auch wirklich absolut keine Mühe gegeben, schneller fertig zu werden (sprich, ich habe dieses Mal tatsächlich ihn angeschaut, statt mir schöne Gedanken zu machen), und nachdem ich gekommen war, sagte ich einfach: »Super, Schatz. War gut!« Und bin nach Hause gefahren. Relativ kurz danach habe ich mich getrennt, weil er auch danach nicht wirklich was an seinen immensen Forderungen und seinen gleichzeitig äußerst zurückhaltenden Gefälligkeiten mir gegenüber geändert hat.

Warum Frauen ihren eigenen Orgasmus oft weniger wichtig nehmen? Weil es uns überall so suggeriert wird. Man sieht es ja an meinem Ex, der für jede Gefälligkeit seinerseits erwartet hat, dass ich mich dafür revanchiere, während er während unserer ganzen Beziehung kein einziges Mal auf die Idee gekommen wäre, mich ohne Gegenleistung zu lecken. Wenn man nur solche Partner hat, sollte es doch nicht verwundern, dass Frauen irgendwann denken: Na ja, wird schon nicht so wichtig sein.

Außerdem wird dann oft noch die Evolution mit ins Spiel gebracht. Schließlich braucht man ja keinen weiblichen Orgasmus, um Nachkommen zu zeugen. Das ist einerseits schade, weil man(n) dann vielleicht etwas mehr Wert darauf legen würde und es sicher auch die Anzahl ungewollter Schwangerschaften reduzieren würde. Andererseits aber auch gut, sonst hätten wir wahrscheinlich keine Sendungen wie *Teenager werden Mütter*, weil so ein

17-jähriger dreifacher Vater namens Marcel es safe nicht schafft, seine Freundin zum Orgasmus zu bringen, und das fände ich als alte Trashseele doch ziemlich deprimierend. Ich selbst habe dieses Pseudoargument öfter gehört als mir lieb ist, deshalb habe ich angefangen, die Menschen darüber aufzuklären, dass man eine Frau theoretisch auch mit einem Lusttropfen schwängern kann, weshalb es für die Nachkommensicherung nicht zwangsläufig nötig ist, den Mann finishen zu lassen. #aufklärung

Abgesehen davon, Leute, wir sind im Jahr 2023 und außerdem eine Spezies, die Sex nicht vorrangig zur Zeugung von Nachkommen praktiziert, sondern weil's Spaß macht. Im Idealfall allen Beteiligten.

Wie schließen wir nun also den Orgasm-Gap? Wir werden wohl mal wieder nicht um Kooperation herumkommen. Es ist nicht allein die Aufgabe von Frauen, sich darum zu kümmern, dass beide ihren Spaß haben, und es ist nicht die Aufgabe von Männern, sich nur zurückzulehnen und die Frau machen zu lassen (außer man hat sich darauf geeinigt, dass das für beide die bessere Variante ist).

Ich wurde mal in einem Podcast-Interview von der *Kleinen Zeitung* gefragt, ob ich nicht finde, dass es ganz gut ist, dass Sex nach wie vor so ein Tabuthema in unserer Gesellschaft ist. Meine Antwort: What the fuck, nein! Ich finde sogar, darüber sollte man viel offener sprechen. Gerade Frauen sollten das tun, um sich darüber klar zu werden, was alles »normal« ist, und sich weniger unter

Druck zu setzen. Mir hat es zum Beispiel total Druck rausgenommen, als Freundinnen mir erzählt haben, dass sie noch nie einen vaginalen Orgasmus hatten. Außerdem kann es Frauen dabei helfen herauszufinden, ob ihr Partner sie vielleicht im Bett schlecht behandelt. Vielleicht lässt man sich aber auch nur inspirieren und findet dadurch neue Dinge raus, die einem gefallen könnten und die einem sonst entgangen wären. Also hier mein Plädoyer: Sprechen wir mehr darüber. Aber nur, wenn die andere Person es auch möchte. Mach's nicht so wie Onkel Herbert auf der Familienfeier, der meine minderjährige Cousine vor versammelter Mannschaft fragt, ob sie schon mal einem Typen einen geblasen hat. Konsens ist alles.

KAPITEL 21

Tobi macht den Haushalt?
Was für eine Lusche!

»Einen Cosmopolitan, bitte!« Die Stimme, die diesen Satz in meiner Lieblingsbar ausgesprochen hat, war in Wirklichkeit männlicher, als du sie dir wahrscheinlich gerade vorgestellt hast. Sie gehört Marco, einem meiner besten Kumpels.

»Ich nehme ein Bier«, sagte ich, um den komischen Blick des Kellners von Marco auf mich zu lenken. Er sah uns noch kurz irritiert und leicht angeekelt an, weil er wahrscheinlich dachte, dass wir eins dieser ekligen Pärchen seien, die füreinander bestellen. Waren wir aber nicht. Wir waren einfach nur zwei gute Freunde, die sich zusammen einen schönen Abend mit den Getränken ihrer Wahl machen wollten. Und das war in Marcos Fall ein Cosmopolitan und in meinem Fall ein Bier.

Der Kellner kam kurz darauf wieder und wir wissen wohl alle, was passiert ist. Obwohl er selbst unsere Bestellung aufgenommen hatte, stellte er Marco das Bier und mir den Cosmopolitan hin. Wortlos tauschten wir unsere Getränke aus und der Kellner sah uns wieder irritiert an. Eine Kollegin kam an ihm vorbei und er sagte, ohne zumindest seine Stimme zu senken: »Sarah, den Tisch kriegst ab jetzt du, du wolltest ja immer einen schwulen besten Freund haben.«

Lifehack für alle, die im Service arbeiten: Spart euch solche Sprüche lieber, wenn ihr Trinkgeld bekommen wollt. Wir haben nach diesem Vorfall nämlich keins mehr gegeben.

Marco hat zum Glück nie aufgehört, Cosmopolitans für sich selbst zu bestellen, aber ich habe auch andere männliche Freunde, die mich immer bitten, Cocktails zu bestellen, weil sie selbst Angst davor haben, aufgrund ihrer Getränkebestellung für schwul gehalten zu werden. Abgesehen davon, dass wir als Gesellschaft schon so weit sein sollten zu wissen, dass Homosexualität keine Krankheit, sondern etwas ganz Natürliches ist, erschreckt es mich immer wieder, mit welchen Klischees und Erwartungshaltungen sich auch Männer herumschlagen müssen.

Wenn eine Frau ein Bier bestellt, ist das mittlerweile ja normal. Es gibt zwar immer noch Männer, die das »unsexy« finden (ja, Mike, das finde ich echt SCHADE, dass ich aufgrund meiner Getränkebestellung kein »Heiratsmaterial« mehr für dich bin, obwohl die Sache umgekehrt schon an viel grundlegenderen Dingen gescheitert wäre), aber in der Regel wird das nicht weiter kommentiert. Genauso ist mittlerweile zum Glück auch in der Gesellschaft angekommen, dass Frauen Hosen tragen. Es gibt sogar Boyfriend-Jeans für Frauen mit lockererem Schnitt, aber hast du schon mal eine Girl-friend-Jeans für Männer gesehen? Ich nicht.

Man könnte jetzt argumentieren, dass ein solcher Schnitt sich nicht durchsetzen würde, weil er die Bewegungsfreiheit massiv einschränken würde – no shit, Sherlock, aber uns Frauen kann man es natürlich zumuten, dass unsere Jeans uns am Atmen hindern und sich nicht dazu eignen, darin schnell genug zu laufen, dass man vor der Polizei wegrennen könnte (habe ich da gerade aufgedeckt, warum Frauen weniger Straftaten begehen?). Aber wenn es um Bewegungsfreiheit ginge, wären doch Kleider und Röcke, sofern locker geschnitten, das ultimative Kleidungsstück! Letztere haben sich für Männer halt bisher leider nur in Schottland durchgesetzt. Versuch mal hierzulande als Mann mit einem Kleid oder Rock auf die Straße zu gehen. Die Chance ist groß, dass du mindestens verspottet und schlimmstenfalls richtig schlimm verdroschen wirst, weil so ein Hugo, der ein gestörtes toxisches Männlichkeitsbild verinnerlicht hat, sich so von deiner Kleidung bedroht fühlt, dass er Angst hat, du könntest ihn schwul machen, wenn du nur an ihm vorbeigehst – die Chancen dafür stehen gut, schließlich siehst du darin wahrscheinlich verdammt heiß aus und es turnt ihn insgeheim ein bisschen an.

Was für Mode gilt, gilt auch für Nagellack und Make-up: Irgendwie hat es sich durchgesetzt, dass diese Dinge »Frauensache« sind. Als Frau, die schon immer ein Faible für Männer mit Eyeliner und Nagellack hatte, kann ich nur sagen: Ich habe absolut keine Ahnung, warum. Früher wurde ich dafür schief angesehen, aber seit Måneskin mit Frontman Damiano David, der ja auch sehr gern feminine Kleidung, Nagellack und Make-up trägt, den Eurovision Song Contest 2021 gewonnen haben, verstehen mehr Menschen, was ich daran finde. Und das freut mich natürlich sehr. Bis wir als Gesellschaft so weit sind, dass wir Männer nicht mehr schräg ansehen, wenn sie sich schminken oder Kleider tragen, wird es zwar wohl noch eine Weile dauern, aber ich glaube, wir sind zumindest auf einem guten Weg. Viele Beauty-Marken machen es ja jetzt schon vor und zeigen ganz selbstverständlich auch Männer mit ihren Produkten. Finde ich großartig, bitte weiter so! Und Hugo, face it, wenn du ein Problem mit einem feminin gestylten Mann hast, ist das Problem nicht er, sondern deine Einstellung.

Apropos Einstellung, so viele Menschen gehen auch davon aus, dass der Mann immer zu bezahlen hat. Während ich das tippe, höre ich die Stimme von irgendwelchen Rudis, die Dinge wie »Der Gender Pay Gap ist total gerechtfertigt, immerhin müssen Männer Frauen ja immer einladen« brabbeln. Okay, Rudi, also lesbische Paare dürfen deiner Meinung nach nicht ins Restaurant gehen, weil sie keinen Mann haben, der für sie bezahlt? Und müssten dann nicht alle schwulen Paare reich sein? Ach so, nein, ich vergaß, in Rudis Welt gibt es ja keine Homosexuellen, und wenn doch, dann sind sie unterbezahlte Friseure.

Ich war einmal mit einem guten Freund abends was trinken. Und wie das halt so ist, wenn eine Frau mit einem

Mann was trinken geht, wurde auch hier davon ausgegangen, dass wir auf einem Date waren. Wieso sollten Männer und Frauen auch sonst was miteinander unternehmen, wenn es nicht im Bett endet? Komplette Zeitverschwendung für den armen Mann, der sich den ganzen Abend das Ohr von ihr abkauen lassen muss, damit sie ihn dann doch nicht ranlässt (können wir bitte darüber reden, was »ranlassen« für ein ekelhaftes Wort ist, das auch wieder das Vorurteil verkörpert, dass nur Männer Bock auf Sex haben und Frauen ihn eher erdulden?).

Jedenfalls legte der Kellner am Ende des Abends ihm die Rechnung hin. Ich holte meine Kreditkarte raus, weil ich an diesem Abend mit Bezahlen dran war.

»Das wirst du ihm jetzt aber nicht durchgehen lassen, oder?«, hörte ich die Stimme des Kellners.

»Was?«, fragte ich, als ich gemerkt habe, dass das Wort an mich gerichtet war.

»Na, dass er dich nicht einlädt. Den wirst du heute sicher nicht mehr ranlassen, oder? Komm, ich lad dich noch auf ein Schnapserl ein, vielleicht habe ich dann noch eine Chance, wenn der Kollege sie nicht nutzt.«

Auch hier: Ich wollte Trinkgeld geben, aber nach dieser Nummer konnte ich nicht mehr. Eigentlich müsste ich solchen doofen Macho-Kellnern dankbar sein, durch sie habe ich mir schon den einen oder anderen Euro in meinem Leben gespart.

Was denken sich solche Typen eigentlich, wenn sie mich sehen? Denken sie, ich würde jedem Kerl auf den Schwanz springen, der mir einen Aperol Spritz bezahlt?

Sorry, aber ich bin nicht käuflich, und selbst wenn, müsste da schon ein bisschen mehr drin sein.

Abgesehen davon frage ich mich auch, was das für ein Männerbild ist. Der Mann muss eine Frau selbstverständlich immer einladen, sonst ist er kein richtiger Mann und verdient ihre Gesellschaft nicht? Was ist denn das für eine dumme, veraltete Denkweise? Ich persönlich gehe ja gern mit meinen männlichen Freunden etwas trinken, weil ich gern mit ihnen zusammen bin und es mir Spaß macht, etwas mit ihnen zu unternehmen, aber offensichtlich bin ich mit dieser Einstellung allein. Anscheinend sind Männer so uninteressante Wesen, dass man unbedingt eine Gegenleistung verlangen muss, um freiwillig Zeit mit ihnen zu verbringen, beziehungsweise auch, um mit ihnen zu schlafen. Wenn er nicht zahlt, kann man ihn schließlich nicht in sein Bett lassen. Und wenn er zahlt, erkauft er sich irgendwie das Recht … okay, stopp. Das wird mir jetzt zu heftig hier. Geld ist kein Konsens. Lies das noch mal, Kellner.

Diese Situation war nicht nur für mich unangenehm, weil mir quasi unterstellt wurde, eine Escortlady zu sein, sondern auch für meinen Kumpel, weil er von einem Fremden als unmännlicher Geizkragen hingestellt wurde. Leute, wo sind wir denn?

Kommen wir zu einem Fall, bei dem ich wirklich auf einem Date war, mit dem besten Freund einer guten Freundin.

»Julia, vertrau mir, Max ist so eine Einserpartie!«, meinte sie, als sie ihn mir schmackhaft machte. Spoiler:

An dieser Stelle kommt keine unangenehme Dating-Story, sie hat nämlich nicht zu viel versprochen. Der Typ sah super aus, war witzig und charmant und er schaute gern *Love Island*. Jackpot.

Aus Max und mir ist dennoch nichts geworden. Woran ist es also nun gescheitert bei diesem Date?

Nun ja, Max war zwar eine absolute Einserpartie, aber hinzu kam leider diese eine Sache, die für mich ein kompletter Dealbreaker ist. Er sagte irgendwann im Gespräch: »Ich habe schon immer so einen extremen Kinderwunsch.«

Bevor ich hoffen konnte, dass ich mich verhört hatte, führte er das weiter aus: »Ich habe mir immer gern Frauen gesucht, die unbedingt Karriere machen wollen, damit ich zu Hause bleiben und auf die Kinder aufpassen kann. Dann stelle ich abends das Essen auf den Tisch und gehe tagsüber mit den Kleinen zum Papa-Kind-Yoga und ich bin der glücklichste Mensch!«

Seine Augen strahlten so sehr bei diesen Worten, dass ich mir nur dachte: Ich muss hier weg.

Versteh mich nicht falsch – wenn in mir auch nur der Funke eines Kinderwunschs vorhanden wäre, hätte ich alles in meiner Macht stehende getan, um Max davon zu überzeugen, dass ich die richtige Partnerin für ihn bin. Denn wenn ich Kinder wollen würde, dann nur mit einem solchen Mann an meiner Seite. Ich sah ihn richtig vor mir, wie er mit zwei kleinen Maxis zum Papa-Kind-Yoga gehen würde und die geilste Zeit seines Lebens dort hätte.

Ich versuchte noch abzuchecken, ob Hunde statt Kinder für ihn eine Option wären, aber leider keine Chance. So trennten sich unsere Wege und das ist gut so. Jemandem, der sich so sehr Kinder wünscht, diesen Traum zu verwehren, wäre einfach nur ungerecht gewesen, und ich weiß, ich wäre unglücklich geworden, wenn ich in diesem Fall meine Wünsche ignoriert hätte.

Als ich meiner Freundin Clara vom Date mit Max erzählte und dabei erwähnte, dass er sich wünsche, bei seinen Kindern zu Hause zu bleiben, rümpfte sie die Nase und sagte: »Also, das finde ich schon irgendwie unsexy.«

»Wieso?«, fragte ich.

»Na ja, ein Mann muss doch irgendwie auch berufliche Perspektiven haben und Geld nach Hause bringen. Wenn der nur zu Hause bleiben und babysitten und im Haushalt helfen will, finde ich das schon ziemlich unambitioniert. Könnte ich nix mit anfangen. Ist doch voll die Lusche.«

Ich seufzte und versuchte gar nicht erst, Clara zu erklären, dass er nicht im Haushalt »hilft«, wenn es sein eigener ist, sondern dass er einfach nur seinen Part der Arbeit erledigt und dass er seine eigenen Kinder auch nicht »babysittet«, sondern ihr Vater ist. Sie hatte sich ihr Bild von ihm schon gemacht und ich konnte daran nicht mehr rütteln. Schade fand ich es dennoch, schließlich sind Männer wie Max doch absolute Treiber für die Gleichstellung der Geschlechter und wenn wir diese Gleichstellung erarbeiten möchten, müssen wir nicht nur Frauen, sondern auch Männern und allen anderen

Geschlechtern gegenüber toleranter sein und ihnen mehr Freiräume in der persönlichen Lebensgestaltung einräumen.

Deshalb freue ich mich unglaublich für Max, dass er mittlerweile einen kleinen Sohn hat und laut meiner Freundin, die uns verkuppeln wollte, der stolzeste Mensch der Welt ist, wenn er mit dem Kinderwagen durch die Gegend läuft. Ich hoffe, der Kleine mag Papa-Kind-Yoga.

KAPITEL 22

Sei einfach kein Arschloch.

»Du folgst hier einer Person, die ich nicht cool finde, das solltest du ändern, sonst mag ich dich nicht mehr«, schrieb mir eine Frau auf Instagram, die ich eigentlich immer ganz cool fand. Nach dieser Nachricht sah ich das etwas anders. Gut, die Nachricht war anders formuliert, es waren die klassischen neumodischen Ausdrücke »toxisch« und »problematisch« darin enthalten, die ich aufgrund ihrer inflationären Verwendung nur noch ganz schwer ertragen kann. Egal, die Kernaussage blieb dieselbe. Ich finde, solche Dinge sind der reinste Kindergarten. Auch das drückte ich höflicher aus, aber ich drückte es aus, indem ich antwortete: »Ich bin erwachsen, ich entscheide selbst, wem ich folge, und möchte dich bitten, von solchen Nachrichten abzusehen.«

»Schade. Ich dachte, dass wir dieselben Grundwerte teilen«, bekam ich daraufhin als Antwort und wurde blockiert. Scheint so, als würden wir tatsächlich nicht dieselben Grundwerte teilen. Meine Grundwerte basieren nämlich auf Respekt vor Individuen, gerade vor anderen Frauen, und darauf, sie nicht gleich für jede »problematische« Aussage, hinter der in vielen Fällen eine unglückliche Ausdrucksweise und keine böse Absicht steckt, canceln zu wollen. Gar nicht mit meinen Grundwerten vereinbar ist hingegen, anderen erwachsenen Menschen zu sagen, dass sie Person XY nicht auf Instagram folgen sollen. Wer bin ich denn? Und vor allem: Wie viel Zeit habe ich denn, dass ich aktiv auf das Profil anderer Leute gehe, um zu schauen, wem sie so folgen? Gut, das habe ich eventuell mal bei ehemaligen Date-Partnern gemacht, aber nur weil ich wissen wollte, wie vielen heißen Frauen sie folgen. Aber ich wäre niemals auf die Idee gekommen, das zuzugeben. Wäre mir doch urpeinlich. Ich bin nicht eure Mutter. Und selbst meine Mutter hat bei Exfreunden, die sie nicht mochte, höchstens die Nase gerümpft und gemeint: »Schatzi, *dir* muss er gefallen.« Nachdem ich mich als bisexuell geoutet hatte, kamen noch Sätze wie »Also, ich würde es feiern, wenn du eine Freundin hättest, lern doch mal eine nette Frau kennen« dazu. Aber sonst hat sie sich da immer vornehm zurückgehalten und erst hinterher gesagt, dass sie ihn noch nie gemocht hat.

Ich meine, ich kann verstehen, dass man einer Person entfolgt, wenn man merkt, sie folgt nur Rechtsrockbands und Donald Trump und hat auch noch ähnliche Einstellungen. Voll legitim. Aber häufig geht es im »feministischen Diskurs« um echte Kleinigkeiten, wie zum Beispiel »die Person hat gemeint, gendern mit Sternchen ist suboptimal, weil es die Grammatik erschwert und Sätze unverständlich macht, deshalb ist sie transphob«.

Dabei hat sich die Person vielleicht nie transphob geäußert, sondern nur festgestellt, dass das Gendersternchen zwar inklusiv, aber sprachlich keine schöne Lösung ist, die es für Menschen mit nichtdeutscher Muttersprache oder bildungsfernere Menschen schwerer macht, Sätze sinnerfassend zu lesen. Ist in den Grundzügen schon mal nicht falsch. Transphob wäre es für mich gewesen, wenn noch »und die Transen interessieren eh keinen« als Zusatz dabeigestanden hätte. Aber so?

Ein Problem, das ich in feministischen Diskursen heutzutage sehr oft sehe, ist, dass man sich an Kleinigkeiten oder Formulierungen, die man nicht so gelungen findet, aufhängt und keine Zwischentöne mehr hört oder liest. Wenn ich »Ich finde, Frauen sollten sein können, wie sie wollen« schreibe, kann ich damit rechnen, mit Nachrichten überhäuft zu werden, dass ich mich diskriminierend verhalte, weil ich nicht von FLINTA*, sondern von Frauen spreche. Dabei war die Intention hinter dem Satz doch nie, nichtbinären Menschen und Transpersonen die Gestaltungshoheit über ihre Persönlichkeit abzusprechen, sondern ich wollte mich für Entscheidungsfreiheit aussprechen.

Versteh mich nicht falsch, ich würde nie sagen, dass es nicht wichtig wäre, nichtbinäre Menschen in der Sprache sichtbar zu machen. Das ist es absolut und falls das hier eine nichtbinäre Person liest: Ich sehe und höre dich! Ich finde nur die aktuellen Lösungsmöglichkeiten nicht unbedingt praktikabel und hoffe, dass sich da in Zukunft eine bessere Möglichkeit finden lässt, mit der wir alle gut leben können.

Teilweise denke ich mir in feministischen Debatten halt nur: Come on. Und ertappe mich dabei, wie ich unangenehm zum Stammtisch-Harald mutiere, der sich aufregt, dass man »ja heutzutage gar nichts mehr sagen darf«. Ich gebe es ehrlich zu, am meisten Angst habe ich in sozialen Medien nicht vor Männern, die Hasskommentare schreiben. Mit so einem Günther ohne Freunde und Selbstbewusstsein kann ich umgehen, da weiß ich, das ist einfach nur ein kleines Würstchen, das mir diese Dinge nie ins Gesicht sagen würde. Ich kann auch damit umgehen, wenn mich jemand für mein Aussehen beleidigt (vor allem, weil Personen, die das tun, meistens auch nicht gerade Weltschönheiten sind) oder mich als »männerhassende Emanzenfotze« bezeichnet. Ich bin sogar kurz davor, mir Letzteres auf ein T-Shirt drucken zu lassen, damit mich unangenehme Typen in Clubs in Ruhe lassen.

Was mich aber immer schwer trifft, ist, wenn Menschen, die eigentlich für dieselben Dinge kämpfen wie ich, mich so falsch verstehen *wollen*, dass sie mir schlechtes Gedankengut andichten, wo keins ist. Gut, ich ertappe mich selbst noch oft genug dabei, wie ich »blöde Kuh« denke, wenn ich eine unverschämt schöne Frau sehe. Ich bin nicht perfekt, aber wer von uns ist das schon? Eigentlich wollen wir doch alle dasselbe: Gleichberechtigung. Erreichen wir die, indem wir am Weltfrauentag einmal ein Shoutout für alle »Queens« machen und sie dann wieder ein Jahr lang ignorieren? Erreichen wir die, indem wir alles korrektestens mit

Doppelpunkt und Sternchen gleichzeitig gendern, damit sich niemand in der Sprache ausgeschlossen fühlt, während wir gleichzeitig cis-heterosexuellen Menschen verbieten wollen, auf die Pride-Parade zu gehen, obwohl wir sie als Verbündete brauchen? Schaffen wir Gleichberechtigung, wenn wir anderen so viel Angst mit unserer Sprachpolizei machen, dass sie sich nicht mehr trauen, überhaupt irgendwas zu sagen, und deshalb vielleicht lieber bei gewissen Situationen, in denen Frauen, Transpersonen oder People of Colour virtuell oder im Reallife bedroht werden, aus Angst vor einem Shitstorm den Mund halten? Ich denke nicht.

Ich glaube, die Lösung zu sehr vielen Problemen, die der (intersektionale) Feminismus ansprechen will, ist ebenso simpel wie offenbar doch noch schwierig: Empathie. Es wird nicht gelingen, Probleme gemeinsam zu lösen, wenn wir einander nicht zuhören und einander nicht ernst nehmen, sondern nur darauf warten, selbst zu sprechen oder irgendetwas zu finden, das wir der anderen Person negativ auslegen können. Versuchen wir doch stattdessen mal, die Formulierung von der Intention zu trennen und uns in die Lage der anderen hineinzuversetzen. Und wenn uns jemand, den es wirklich betrifft, unkorrektes Verhalten vorwirft, können wir versuchen, einfach mal zuzuhören und unsere eigenen Befindlichkeiten hinten anzustellen, weil es gerade nicht um uns geht. Lasst uns verstehen, dass Menschen divers sind, dass es unterschiedliche Gender, Hautfarben, Körpertypen, soziale Backgrounds und sexuelle Orientierungen gibt und dass wir kein Recht haben, Menschen aufgrund dieser Merkmale schlechter zu behandeln als andere. Bevor wir irgendwas potenziell Beleidigendes sagen, fragen wir uns doch mal: »Wie würde es mir gehen, wenn man so etwas zu mir sagen würde? Oder zu meiner Tochter, meinem Sohn, meinen besten Freund*innen, die dieser Gruppe angehören?« Kurz gesagt: Versuchen wir doch einfach mal kollektiv, keine Arschlöcher zu sein.

KAPITEL 23

Früher war alles besser – oder?

»Unsere Großeltern haben noch an Beziehungen gearbeitet, statt sie wegzuwerfen.« Diesen Spruch findet man auf so ziemlich jeder Boomer-Facebook-Pinnwand oder auf den Facebook-Seiten von Teenagern, die gerade eine romantische Phase durchleben (keine Sorge, die geht vorbei).

Schon damals, als ich selbst noch ein romantischer Teenager war, habe ich über diesen Spruch die Augen verdreht. Leute, habt ihr euch die meisten Großeltern mal angesehen, die »noch an ihren Beziehungen gearbeitet haben«? Ich kann jetzt nur von meiner Verwandtschaft sprechen, aber mein Uropa hat meine Uroma komplett terrorisiert und über ihr ganzes Leben bestimmt. Da er ihr verboten hatte, arbeiten zu gehen, hätte sie es sich niemals leisten können, in eine eigene Wohnung zu ziehen. Das Verhältnis zu ihren Kindern war auch eher schwierig, weil (und das sage ich als Person, die von ihnen abstammt und es daher beurteilen darf) ihre Kinder allesamt auch ziemliche Arschlöcher waren, die sie niemals unterstützt oder sie gar bei sich aufgenommen hätten. Und wenn sie sie bei sich aufgenommen hätten, hätte meine Uroma es wahrscheinlich auch nicht viel besser gehabt als bei ihrem herrischen Mann.

Mein Uropa starb vor einigen Jahren. Selbst der Pfarrer, der seine Trauerrede halten sollte, wusste nichts über ihn zu sagen, außer, dass er ein »komplizierter Mensch« war. Ich habe meinen Uropa nicht gut gekannt, aber nach dem zu urteilen, was ich von ihm mitbekommen habe, hat der Pfarrer hier wirklich das Beste aus ihm rausgeholt. Meine Uroma weinte bei der Beerdigung und ich bin mir bis heute sicher, dass es insgeheim Freudentränen waren, denn in der Zeit danach blühte sie unglaublich auf. Sie kam mal aus ihrem Häuschen heraus und trug einen Rock, der ihr bis zur Mitte des Schienbeins ging, und fragte: »Ich habe so etwas noch nie gemacht ... kann ich so zum Bingo-Abend im Seniorenzentrum gehen oder ist der Rock zu kurz?«

»Ja, kannst du!«, versicherten meine Mama und ich ihr. Als sie dann Stunden später zurückkam, begrüßte meine Mama sie mit einem gespielt entsetzten: »Oma, mit *dem kurzen Rock* bist du zum Bingo gegangen?«

»Aber, Ina, du hast doch gesagt, dass der in Ordnung ist!«, sagte sie mit zitternder Stimme und fing dann aber doch leicht an zu grinsen. »Jetzt wundert's mich nicht mehr, dass dieser Bernhard so geschaut hat!«

Zusammenfassend kann man sagen: Der Tod meines Uropas war Uromas Auferstehung. Vielleicht hat es also auch Vorteile, dass wir in unserer heutigen Gesellschaft die Dinge einfach wegschmeißen können, statt sie zu »reparieren« und uns möglicherweise damit selbst zu zerstören. In ein kaputtes Wasserrohr kannst du noch so oft Kaugummi reinstopfen, um es abzudichten, es wird dich unglaublich viel Kraft und Nerven kosten, weil du in ständiger Alarmbereitschaft leben musst, dass der Kaugummi sich wieder lösen könnte und du einen riesigen Wasserschaden kriegst. Anfangs vielleicht kostenintensiver und dadurch mit viel Schmerz verbunden, aber auf Dauer stressfreier ist es, einfach eine Installateurin kommen zu lassen, die die Scheiße austauscht. Und sorry für den Realitätskick, aber es bringt auch nichts, das kaputte Wasserrohr aufzubewahren und zu hoffen, dass es in ein paar Jahren doch wieder funktioniert. So ist es auch mit vergifteten Exbeziehungen, das wird in der Regel auch nichts mehr. Außer, der oder die Expartner*in kriegt mit einem kaputten Wasserrohr einen kräftigen Schlag auf den Hinterkopf, vergisst, wer er*sie ist und ... na ja, ich glaube, wir haben es jetzt verstanden. Wenn man es noch mal versuchen will, sollte man das bestenfalls mit einer Paartherapie tun, wenn man noch Altlasten mit sich herumschleppt.

Zusammenfassend kann man sagen: »Unsere Großeltern haben noch an ihrer Ehe gearbeitet, statt sie aufzugeben«, klingt um einiges romantischer als: »Oma ist finanziell von Opa abhängig und hat keine Möglichkeit, sich von ihm scheiden zu lassen, aber sie kippt ihm jeden Tag ein paar Tropfen Frostschutzmittel in den Tee und hofft, dass sich die Sache bald erledigt hat.«

Aber auch bei weniger existenziellen Dingen gibt es noch gewaltige Generationenunterschiede. Ich wurde in meinem gesamten Dating-Leben noch niemals über die ganze Dauer der Beziehung (oder dessen, was niemals zu einer wurde) von einem Mann eingeladen. Wir haben immer entweder Rechnung getrennt (und uns dann früher oder später auch, weil ich Rechnungtrennen unromantisch finde) oder abwechselnd gezahlt.

Habe ich schon jemals erlebt, dass meine Mama oder meine Stiefmutter gezahlt haben, wenn einer meiner Väter dabei war? Dreimal darfst du raten. Und wenn du bei einer Ja-Nein-Frage dreimal raten musst ... na ja, weißt eh. Auch bei Freund*innen, mit deren Eltern ich mal zusammen essen war, habe ich es nie erlebt, dass die Mutter bezahlt hat, wenn der Vater auch dabei war. Nie. Ich weiß nicht, woran es liegt. Gibt es in unserer Vätergeneration mehr Kavaliere der alten Schule, die sich das nicht nehmen lassen? Wollen sie nur vor ihren Kindern und deren Bekannten gut dastehen und lassen bei anderen Gelegenheiten immer die Frau bezahlen? Verdienen Väter in dieser Generation so viel mehr, dass die Frau es sich gar nicht leisten könnte, für alle zu zahlen? Ist es Zufall, dass es sich »halt immer so ergibt«? (Spoiler: Ist es meistens nicht.) Oder haben sie ein gemeinsames Konto und es ist eh vollkommen wurscht, deshalb macht's halt der Mann, damit er vom Servicepersonal keinen dummen Spruch gedrückt kriegt?

Na ja, was bringt es, großartig darüber zu philosophieren? Unsere Generation tickt, was das betrifft, eh größtenteils schon anders, deshalb prognostiziere ich mal, dass sich dieses Thema in den nächsten Jahrzehnten von selbst erledigen wird. Und ich hoffe, dass sich damit auch die Männer- und Frauen-Speisekarten erledigt haben werden. Mein Vater geht gerne in teurere Restaurants und wenn ich ihn begleite, bekomme ich öfter mal Speisekarten, in denen keine Preise zu sehen sind. Ich habe das lange mit einem Schulterzucken abgetan und mich auf die Lebensweisheiten meiner Mama berufen, die, je nach Situation, lauteten: »Wenn keine Preise draufstehen, ist es gratis« oder »Wenn du nach den Preisen suchst, kannst du's dir nicht leisten«. Im Fall der Restaurants, die mein Vater bevorzugt, habe ich auf Letzteres getippt.

Einmal wollte ich mir ein Dessert bestellen und habe mir seine Speisekarte geschnappt, weil der Kellner meine schon abgeräumt hatte, und siehe da – da standen Preise!

Zu Hause erzählte ich meiner Mama davon. Sie lachte und meinte: »Ja, das ist komplett normal, habe ich in den Restaurants, wo ich mit deinem Vater war, auch oft bekommen. Das machen die, damit Frauen nicht unnötig bescheiden werden und sich trauen, mehr zu bestellen.«

Da haben die aber die Rechnung ohne mich gemacht. Wenn ich sehe, dass etwas teuer ist, übt es auf mich leider eine unglaubliche Faszination aus und ich habe das Gefühl, als würde damit die Qualität steigen – das gilt selbstverständlich nicht für Bahntickets, die ich am liebsten so billig wie möglich kaufe, sondern eher für

Dinge wie Flüssigseife oder eben Desserts. Als ich im Restaurant die Dessertpreise gesehen habe, habe ich also erst recht eins bestellt, weil ich mir dachte: »Das ist was ganz Besonderes, dieser Erdbeer-Cheesecake. Da stammen die Erdbeeren sicher aus dem eigens dafür angelegten Garten und sie wurden nur mit Fiji-Wasser gegossen. Die Kuh, die die Milch für den Cheesecake gegeben hat, heißt mit Sicherheit Rosi und steht artgerechtestens im Hinterhof, wo sie ein eigenes Himmelbett zum Schlafen hat.« (Keine Ahnung, wie artgerecht es wirklich ist, eine Kuh im Himmelbett schlafen zu lassen.) Ich wollte einfach wissen, wie so ein Dessert schmeckt, das so viel kostet wie meine halbe Monatsmiete. Es schmeckte okay.

In dem Moment wusste ich dann auch wieder, warum ich am liebsten unspektakulär Döner essen gehe oder mir auf dem Weg irgendwo Pommes hole. Bisher hat mir jeder Dönermann der Welt zugetraut, dass ich den selbst bezahlen kann, und hatte es nicht nötig, die Preise vor mir zu verbergen. Bei solchen preislosen Karten denke ich mir nur: »Wenn ihr schon solche horrenden Preise verlangt, dann steht auch dazu, ihr aufgeblasenen Wichser.«

Eine komplett transparente Preisgestaltung finde ich ehrlicher und auch fairer der Beziehung der Menschen gegenüber, die da miteinander essen gehen. Könnte schließlich sein, dass sich am Ende doch die Frau dazu entschließt zu zahlen, und dann den Schock ihres Lebens bekommt, wenn sie die Rechnung sieht. Oder dass der Mann nicht weiß, dass auf der Frauenkarte keine Preise stehen, und Hassgefühle entwickelt, wenn sie das Teuerste bestellt, weil er nicht weiß, dass sie das nicht macht, um ihn zu ärgern. Ich möchte hier eine alte Journalist*innenweisheit zitieren: Die Wahrheit ist den Menschen zuzumuten.

Auch uns Frauen.

Ich stimme der Aussage, dass früher alles besser war, nur bedingt zu. In vielerlei Hinsicht ist aktuell die beste Zeit, um am Leben zu sein. Es gibt technologische Fortschritte en masse, genug zu essen und mit ein bisschen Glück wird in einigen Jahren sogar das Internet in der Bahn funktionieren. Aber manchmal frage ich mich, ob wir in puncto Gleichberechtigung nicht aktuell einen Backlash erleben. Waren wir denn nicht schon mal viel weiter, was Frauenrechte und LGBTQ-Rechte angeht? Wenn wir auf die 90er-Jahre zurückschauen, sehen wir, dass es eine Zeit lang allen egal war, wenn sich eine Frau oben ohne sonnte. Warum ist so etwas denn heutzutage wieder so ein Skandalthema? Warum werden weibliche Nippel immer noch auf Instagram zensiert und als »anstößig« betrachtet, wenn sie doch nur ein Körperteil sind?

Aber nicht nur das Free-the-Nipples-Thema ist aktuell auf dem absteigenden Ast, die Stellung der Frau hat sich in Europa insgesamt verschlechtert. Wir sehen beispielsweise, dass sich viele Staaten gegen die Istanbul-Konvention zum Schutz von Frauen gegen Gewalt wehren. Und in Österreich ist die Femizid-Rate so hoch wie noch nie und immer noch gibt es Menschen, deren einzige Reaktion auf Femizide »Der arme Mann, sie wird ihn schon ordentlich provoziert und ihm das Leben zur Hölle gemacht haben« ist.

In den USA wurde das Recht auf Abtreibungen gekippt und wir sehen, wie minderjährige Mädchen gezwungen werden, Kinder von ihren Vergewaltigern auszutragen, weil sie »nicht alt genug für eine Abtreibung« seien – aber alt genug, um Mutter zu werden, sind sie offenbar.

Auch in Europa sehen wir, dass rechte Parteien Fans gewinnen – und die sind bekanntlich nicht nur gegen People of Colour, sondern auch gegen Gleichberechtigung für Frauen. Von queeren Menschen müssen wir gar nicht erst reden. Dass Parteien wie die FPÖ in Österreich oder die AfD in Deutschland einen solchen Zuwachs verzeichnen und in Italien eine Faschistin Premierministerin werden kann, macht mir Angst. Deren Programme wurden von und für weiße heterosexuelle Männer geschrieben. Und sobald jemand auf sozialen Netzwerken mit einer AfD-Fahne im Profilbild posiert, kann ich mir sicher sein, dass dieser Mensch mich beleidigen wird, weil er fürchtet, ich könnte ihm »seine Rechte wegnehmen«. Oder dass er unter einem »Land XY entkriminalisiert Homosexualität«-Beitrag den Kommentar »Die Welt geht den Bach runter« postet, befürchtend, dass seine persönlichen Rechte dadurch eingeschränkt werden, dass andere Menschen Beziehungen führen dürfen, die ihnen entsprechen, ohne um ihre Freiheit fürchten zu müssen.

Was es »früher« auch nicht gab, zumindest nicht in diesem Ausmaß, waren Incel-Gruppen, Gruppen von »involuntary celibates«, also unfreiwillig enthaltsamen Männern, die sich zusammenschließen, um gegen Frauen zu hetzen, weil sie keinen Sex bekommen.

Frauen und die LGBTQ-Community konnten sich durch das Internet Räume schaffen, die ihnen vorher verwehrt wurden. Die Reaktionen darauf von eingeschüchterten Männern fallen mitunter ziemlich heftig aus. Ich unterstelle ihnen, dass sie Angst vor Frauen haben und Angst davor, dass ihnen »Rechte genommen« werden könnten oder sie »keine Frau mehr abbekommen«, weil Frauen zu selbstständig werden. Ich persönlich würde ja sagen, man könnte eine Therapie machen oder Frauen einfach nicht wie reine Sexobjekte, sondern wie Menschen behandeln, aber unreflektiert zu haten ist halt einfacher.

Was aktuell auf der Welt passiert, macht mir Angst. Gleichzeitig sehe ich nach Spanien: ein Land, das Catcalling strafbar gemacht, »Ja ist Ja« als Grundsatz für Konsens beim Sex durchgesetzt und damit eine bessere gesetzliche Absicherung für vergewaltigte Frauen geschaffen hat. Außerdem hat es sichere Abtreibungen für alle ab 16 Jahren und Krankenstände bei Periodenschmerzen ermöglicht. Das lässt mich neue Hoffnung schöpfen, weil ich sehe, dass das, was wir hierzulande als »Utopie« abtun, doch möglich ist. Und es zeigt mir, wie wichtig es ist, eine starke feministische Kraft im Land zu haben, denn es waren unter anderem die zahlreichen

Proteste von Spanier*innen, beispielsweise der Streik von über fünf Millionen Menschen am Weltfrauentag 2018, die dafür gesorgt haben, dass feministische Anliegen Gehör finden. Deshalb: Lasst uns weiterhin laut sein und für Gleichberechtigung eintreten. Lasst uns weiterhin Menschen auf sexistische Verhaltensweisen hinweisen, wenn wir sie sehen. Nehmen wir den Platz ein, der uns zusteht. Gehen wir auf die Straße, um für unsere Anliegen einzutreten. Das machen, während ich diese Zeilen tippe, übrigens auch die unglaublich mutigen Menschen und vor allem Frauen im Iran, für die es bei den Protesten um nicht weniger als ihr Leben geht. Ich weiß zu diesem Zeitpunkt noch nicht, wie diese Proteste ausgehen werden, aber ich hoffe so sehr, dass wir uns, sobald wir dieses Buch in den Händen halten, darüber freuen können, dass die größte feministische Revolution der Welt erfolgreich war.

Was Spanien auch gezeigt hat, ist, wie wichtig es ist, eine feministisch eingestellte Regierung zu haben. Der Regierungschef Zapatero, der sich selbst als Feminist versteht, ernannte beispielsweise 2008 eine im siebten Monat schwangere Frau zur Verteidigungsministerin – und, welch Wunder, Spanien ist nicht den Bach runtergegangen. In Österreich hatten wir mit Juliane Bogner-Strauß eine Frauenministerin, die das Frauenvolksbegehren nicht unterschrieben hat, die aktuelle Frauenministerin Susanne Raab bezeichnet sich explizit nicht als Feministin und gibt an, noch nie Sexismus erfahren zu haben. Genderthemen werden in Österreich gerne hinten angestellt, wenn sie »den Parteifrieden stören« – und ich erinnere daran, wir sind europäischer Spitzenreiter bei Femiziden!

Wenn wir feministische Anliegen vorantreiben wollen, ist es wichtig, das auch im Privaten zu tun und auch mal vor der eigenen Haustür zu kehren, zum Beispiel, wenn man sich dabei ertappt, wie man einer Frau ihre Kompetenz abspricht, obwohl man keinen Grund dafür hat. Oder wenn man merkt, dass man eine Frau mal wieder unterbrochen hat, statt sie ausreden zu lassen, oder wenn man ihr ihr eigenes Fachgebiet noch mal für ganz Dumme erklärt. Oder auch einfach mal einzuschreiten, wenn man sieht, wie eine Frau belästigt wird, oder die eigenen Kumpels zurechtzuweisen, wenn sie sich frauenverachtend äußern oder sexistische Witze reißen. Besonders wichtig ist es, sich vor Wahlen zu informieren, wer die eigenen Werte teilt und wer sich antifeministisch verhalten könnte. Augen auf in der Wahlkabine, ich kann es nur immer wieder betonen.

Und auch, wenn es frustrierend ist, wie langsam die Dinge voranschreiten oder wir sogar immer wieder Rückschritte erleben: Lasst uns nicht aufhören, für uns einzustehen. Vielleicht kommt die Veränderung nur langsam. Aber wenn wir dranbleiben, laut sind und uns nicht ignorieren lassen, wird sie kommen.

Fettes Danke!

Schon als kleines Kind wollte ich Autorin werden. In der Schule wurde mir dieser Karriereweg von Lehrer*innen und Mitschülerinnen prophezeit und ich dachte in den letzten Jahren schon, ich sei vom Weg abgekommen. Aber das Leben ist nun mal eine kleine Wundertüte und hält immer wieder ganz tolle Überraschungen bereit. Eine der schönsten davon hat mir die wunderbare Antonia Arteaga gemacht, die mein Profil auf Instagram entdeckt und es an ihre Mama Birgit Arteaga weitergeleitet hat, damit wir ein Buchprojekt zusammen starten. Von Herzen danke, Toni!!

Daraufhin muss jetzt logischerweise ein fettes Danke an meine liebe Agentin Birgit folgen. Liebe Birgit, schon bei unserem ersten Gespräch wusste ich, das wird was ganz Tolles mit uns, und als wir dann festgestellt haben, dass wir beide sehr gerne Spritzer trinken, war ich mir dessen komplett sicher. Danke für jeden gemütlichen Abend, danke fürs Zuhören und Trösten, wenn ich mal wieder einen emotionalen Ausbruch hatte, und danke für jeden Gin, den wir zusammen getrunken haben. Mein Dank geht auch an Annette Maas und Luis Arteaga aus meiner Agentur, die ebenfalls mit vollem Einsatz daran beteiligt waren, dass dieses Buch auf den Markt kommt. Danke für euren unermüdlichen Support, eure immer offenen Ohren und euer herzliches Lachen, das mir so oft ein Gefühl von Zuhause vermittelt hat. Ihr seid nicht nur eine Agentur, ihr seid für mich auch so was wie eine Familie geworden, die ich tatsächlich mag. Danke dafür.

Ich möchte mit Laura Weber von dtv weitermachen – danke, Laura, dass du von Anfang an an dieses Projekt und an mich geglaubt hast, auch wenn die erste Version so komplett anders aussah als das fertige Buch. Auch wenn wir zu Beginn vielleicht noch nicht ganz wussten, wohin es geht, waren wir beide sofort auf einer Wellenlänge und die Zusammenarbeit mit dir war einfach durch und durch großartig. Danke für deine offenen Worte, die mich mit diesem Buch auf den richtigen Kurs gebracht haben. Ohne dich wäre das Endergebnis um vieles langweiliger geworden und hätte mir auch beim Schreiben viel weniger Spaß gemacht. Mit deinem »Julia, bleib bei dir, wir wollen *deine* Perspektive und keine x-beliebige« hast du mir erlaubt, in diesem Buch komplett ich selbst zu sein, frei aus dem Herzen zu schreiben und mich nicht zu verstellen. Danke!

Ein fettes Merci geht auch raus an Barbara Wenz, die Fotografin meines Vertrauens, die dieses hammermäßige Cover eingefangen hat, und mit der ich den besten 27. Geburtstag auf einem Wiener Parkdeck verbringen durfte, den ich mir vorstellen konnte. Es gibt niemanden, mit dem ich dieses Shooting lieber gemacht hätte. Nur du hast dieses unglaubliche Talent, mich immer großartig aussehen zu lassen und dabei einfach so ein toller Mensch zu sein, dass ich mich während Shootings mit dir immer wie ein Rockstar fühle. Ich habe keine Ahnung, wie du das machst, aber du machst es hervorragend.

An diesem Buch waren von der Autorin über die Agentin, die Fotografin, die Lektorinnen und die Illustratorin sehr viele Frauen beteiligt und das beweist mal wieder, was alles Großartiges entstehen kann, wenn Frauen zusammenarbeiten.

Die wichtigste Frau in meinem Leben, meine Mami, darf hier natürlich auch nicht fehlen. Mama, ich kann zu Recht behaupten, dass ich ohne dich heute nicht hier wäre – schon allein aus biologischer Sicht nicht. Und mit einer anderen Mama wäre ich auch nicht der Mensch geworden, der ich heute bin. Danke, dass du mich bei jedem Scheiß, den ich mir in den Kopf setze, unterstützt – auch wenn du manchmal nicht ganz meiner Meinung bist oder selbst eine komplett andere Entscheidung treffen würdest. Ich weiß, ich kann mich drauf verlassen, dass du mich immer auffängst, wenn irgendein Projekt doch nicht so funktioniert, wie ich mir das gewünscht hätte, und dass du mich niemals verurteilen oder mir Vorwürfe machen würdest. Das ist so unglaublich viel wert und ich glaube, wenn jeder Mensch da draußen